# LA CHAUX

TIRAGE A 300 EXEMPLAIRES.

Il a été fait un tirage spécial de :

    5 exemplaires sur papier de Chine, numérotés à la presse (N<sup>os</sup> 1 à 5).

    40    —      sur papier de Hollande, numérotés à la main (N<sup>os</sup> 6 à 45).

Fl. Lorior. del. et lith.

ÉTANG DE LA CHAUX

Imp. Sonnet, à Neuchâtel

Cᵀᴱ G. DE CONTADES

—

# LA CHAUX

## NOTES & SOUVENIRS

PARIS

H. CHAMPION, LIBRAIRE

9, Quai Voltaire, 9

—

1888

# DANS LES RUINES DE L'ÉGLISE

SONNETS

## I

Elle agonise seule et mourante résiste ;
Ses murs tombent, lassés du choc de tant d'hivers ;
Ils tombent, et le lierre, en secourable artiste,
Leur prépare un linceul brodé de rinceaux verts.

L'if, ce vieux compagnon, qui toujours sombre assiste,
Après les jours de gloire, aux longs jours de revers,
Étend le vain appui de son branchage triste
Vers le clocher courbant ses chevrons découverts.

Morts anciens, oubliés sous les pierres tombales,
Vous songez, dans la nef où passent les rafales,
Aux doux chants qui berçaient vos sommeils anxieux ;

Mais parfois, dans la nuit aux tièdes accalmies,
Par le comble troué, sur vous glisse des cieux
Le regard attendri des étoiles amies.

WILFRID CHALLEMEL.

# II

Redoute l'antre obscur de cette Église antique,
Profane, et que la peur te garde d'approcher ;
Crains le craquement rauque et traître du clocher
Et que sous ton pied prompt ne glisse un seuil oblique !

Mais toi, poète, approche, en chantant ton cantique !
Que t'importe de voir le porche se pencher
Et la poutre en suspens qui va se détacher :
Ton pas religieux franchira le portique.....

Vois partout la verdure aux flots réparateurs
Germer, croître, fleurir emplir de nids chanteurs
La ruine qu'un lierre assombrit et décore !

Jamais ces murs sacrés n'ont parlé mieux de Dieu,
Jamais voûte en lambeaux mieux encadré l'aurore,
Et jamais toits ouverts mieux montré le ciel bleu.

Florentin LORIOT.

Fl. Loriot del z sc.

LES RUINES

Imp. Bracquet Paris R. Macé.

Imp. Beequerel, laPerteMace.          W. Challamel, del. & sc.

# LA CHAUX

Il n'est peut-être pas dans tout notre pays, de coin plus ignoré, plus charmant et plus pittoresque que le vallon, où une église en ruine et deux ou trois maisons, qui sont le bourg de la Chaux, se reflètent dans un étang profond, à la surface de cristal noir, serti dans une bordure de bruyères et de futaies. Le caractère de cette petite vallée, perdue presque au sommet des collines qui bornent le bassin de la Loire, diffère singulièrement de celui de la contrée avoisinante, plus sauvage et plus tourmentée. Il a quelque chose de particulièrement intime dû à la solitude du paysage et à l'étroitesse de son cadre. Au grand siècle, l'on eût dit de la Chaux : c'est une aimable retraite. L'on trouve, en effet, sur les bords de l'étang de Folie — nom de légende rappelant la prodigalité de quelque ancien seigneur — la réunion peut-être trop complète de tout ce que peut inspirer le poëte ou l'artiste : ruines et rochers, eaux vives et bois sombres.

Mais la connaissance du passé de la Chaux devait elle avoir pour l'historien le même intérêt que son aspect présent pour le paysa- giste ? (1) Nous n'osions assurément l'espérer et pourtant, nous mettant de suite à l'ouvrage, nous avons recueilli, partout où nous l'avons pu, les pièces et les documents pouvant fournir l'histoire de la petite commune (2). En présence d'un pastel semi-effacé, qui ne serait tenté de parcourir les lettres jadis tracées par une main charmante, ne dussent-elles contenir, à la place de phrases d'amour et de mots d'esprit, que des notes d'affaires et des recettes de ménage ?

Les documents relatifs à la Chaux ne nous ont guère donné, à part quelques tableaux assez vulgaires de la vie domestique du temps passé, que des dates et des noms. Néanmoins, nous publions aujourd'hui ces notes, pensant qu'elles ne seront peut-être pas sans intérêt pour les visiteurs de la Chaux, et qu'en faveur de la beauté du décor, ils prendront plaisir à connaître les acteurs, qui, sur cette petite scène de campagne, ont joué leur humble comédie provinciale.

*
* *

Parlons d'abord de l'église en ruine, pittoresquement drapée dans un manteau de lierre, principal motif de cette décoration champêtre. Elle était jadis dédiée à Saint-Pierre. La cure de la Chaux, d'un revenu de 1800 livres, était à la présentation du seigneur temporel ; la paroisse relevait du doyenné d'Asnebecq (3).

La pauvre église de Saint-Pierre-de-la-Chaux est loin de posséder les mêmes droits à l'attention de l'archéologue qu'à celle de l'artiste. Il faut y remarquer toutefois l'ogive de la porte d'entrée qui paraît dater du XIVe siècle, et, à l'intérieur, une ancienne fenêtre

---

(1) Un artiste parisien, M. Sinibaldi, conduit à la Chaux l'an dernier par le hasard des grandes manœuvres, y est revenu volontairement, son service terminé, ramené par le charme du petit vallon.

(2) Nous avons reçu pour ce travail les communications les plus utiles de M. l'abbé Macé, curé de Joué-du-Bois et de M. l'abbé Saffray, curé de Sarceaux, ancien vicaire de Beauvain.

(3) V. M. L. Duval, archiviste du département de l'Orne, *Essai sur la topographie du département de l'Orne*, p. 24.

Église de la Chaux

trilobée du XVIᵉ siècle ; de curieux fonds baptismaux octogones, et un
bénitier massif de la même époque. Au-dessus de l'entrée, un petit
écusson, chargé d'une croix pattée, est enchassé dans la muraille.

Mais ce qui frappe particulièrement dans cette singulière église de
la Chaux, ce qui la grave à jamais dans la mémoire, c'est son indes-
criptible état de délabrement ; c'est cette véritable abomination de la
désolation qui stupéfie au dedans comme au dehors. Dès que vous
approchez, le clocher déchaussé, poussé en avant et semblant faire
tête, paraît à l'heure de s'abattre sur vous. Les degrés de l'entrée,
inclinés et branlants, vous jettent pour ainsi dire sur des dalles
disjointes et encombrées de gravats. Une poutre énorme, qui tient à
l'on ne sait quoi, descend du fin haut du clocher presque sur votre tête.
L'on ne se familiarise que malaisément avec cette solive de Damoclès,
et en constatant que, partout dans l'église, le danger, — si danger il y
a — est le même. Là, un fragment de la voûte en bardeau suspendu à
mi-hauteur de la nef va tomber à la rupture de la moindre cheville.
Plus loin, la toiture aux lattes vermoulues, qui a jonché le sol de la
moitié de ses tuiles, peut en perdre le reste au premier coup de vent.
Et ne comptez pas sur le coq pour vous aviser de la tempête car les
ouragans l'ont, depuis longtemps, comme disent les braves gens,
*déqueuté*....... Mais la légère et piquante impression de danger que
l'on ressent en pénétrant dans l'église se dissipe promptement à la vue
d'un tableau merveilleux, où la nature a déployé son art inimitable de
faire des ruines et de les décorer.

⁎<br>⁎ ⁎

Nous avons demandé aux registres de la paroisse de la Chaux les
noms des curés ayant été pourvus de ce petit bénéfice. En 1669, l'année
où commence la rédaction des registres, Pierre Bélier était curé de
Saint-Pierre-de-la-Chaux. Il mourut le 26 septembre 1671. Jacques
Bélier, parent du vieux curé, remplit pendant un an les fonctions de
desservant. En 1673, Michel Robichon, appartenant à l'une des
premières familles de Joué-du-Bois, fut nommé curé de la Chaux. Il fut
déplacé, selon toute vraisemblance, car les registres de la Chaux ne
mentionnent pas son décès. Jean Béroult le remplaça en 1677, et, en

1697, après vingt années de ministère, eut pour successeur son neveu, Julien Béroult. Ces sortes d'héritages curiaux étaient alors fréquents dans notre pays. Le 16 mars de l'année 1702, Mgr Louis d'Aquin, évêque de Séez, donna le sacrement de confirmation dans l'église de la Chaux, aux enfants de la paroisse, entre autres, à trois filles de maisons nobles dont nous parlerons tout-à-l'heure, Catherine Le Verrier, Catherine et Suzanne de Récalde. Six ans après, le 18 juin 1708, le même évêque revînt à la Chaux et y confirma, parmi les enfants de la paroisse, Marie-Anne-Louise des Rotours, Marie-Henriette et Anne-Julienne de Récalde, Françoise Bidard et Marie Le Maire. Ces deux visites épiscopales sont les seules dont nous ayons trouvé la trace dans les registres paroissiaux de la Chaux. Un petit désastre suivit ces pompes ; en 1713, l'église fut *fracturée et interdite*. Julien Béroult mourut l'année suivante et fut inhumé dans le chœur de son église. Son neveu, Jean-Baptiste Béroult, n'hérita point cette fois de ce bénéfice, et Urbain Vion, en 1715, fut nommé curé de la Chaux. Il y exerça un ministère de quinze années, pendant lesquelles pas un fait n'eut assez d'importance pour mériter une note sur les registres de la paroisse. Jacques Duval, en 1730, remplaça Urbain Vion, qui mourut l'année suivante. Il décéda lui-même, à l'âge de 30 ans, le 8 janvier 1732. Alors vint un curé appartenant à la maison seigneuriale, Guillaume des Rotours-de-Sainte-Croix. C'était un homme de 68 ans, qui, en 1742, fut remplacé par Charles-François Eudes de Bois-Eudes, et mourut un an après. Le nouveau curé de la Chaux, fils de François Eudes de Bois-Eudes et de Charlotte de Chennevières, appartenait à une maison noble de la paroisse de Saint-Hilaire-de-Briouze (1). L'abbé de Bois-Eudes était un homme de haute vertu et de bon conseil, dont les avis étaient, nous le verrons plus loin, particulièrement prisés au château de la Chaux. Le 11 janvier 1745, un cortège nuptial sortit de son petit presbytère ; damoiselle Marie-Angélique de Bois-Eudes, sa sœur allait épouser un de ses cousins, Henri-Claude Eudes, écuyer, sieur de Langerie, fils de Jacques Eudes de Langerie et de Marie de

---

(1) Armoiries de la famille Eudes : *d'azur à la fasce d'or, accompagnée en chef de 5 feuilles de chou d'or, et en pointe d'un croissant aussi d'or.*

Fl. Lorior, del. et lith.

INTÉRIEUR DE L'ÉGLISE DE LA CHAUX

Imp.Becquerel, la Ferté-Macé.

Droullin. Les gens de la noce étaient de qualité, M. des Rotours ayant quitté son château et tous les gentilshommes de la Chaux, leurs logis pour venir s'asseoir à la table curiale. Les fêtes de ce genre, au siècle dernier, étaient presque les seules à donner satisfaction à l'indéniable goût de sociabilité de notre petite aristocratie campagnarde, et l'on parla longtemps, dans les manoirs de la Chaux, des noces de demoiselle Angélique. Charles-François, son frère, fut inhumé le 26 mai 1760, dans le chœur de l'église de la Chaux. Jacques-Thomas Renult, son successeur, fut le dernier curé de la paroisse. Que devînt-il pendant la Révolution ? Nous n'avons pu le découvrir, mais nous savons qu'un prêtre assermenté, l'abbé Jacques Vains, ancien vicaire de Joué-du-Bois, célébra dans l'église de la Chaux les offices du culte constitutionnel. Dans un mémoire présenté par lui pendant la Terreur pour justifier de son civisme, il reproduisit ce curieux certificat, émanant de la municipalité de la commune de la Chaux :

« Nous soussignés, municipaux et habitants de la commune de la Chaux, certifions à tous qu'il appartiendra que le citoyen Vains, ci-devant vicaire de la commune de Joué-du-Bois, a, dans tous les temps, donné des preuves non équivoques de son patriotisme ; que, pendant plusieurs années, il est venu desservir notre commune lorsqu'il faisait les fonctions ecclésiastiques ; que toujours, il s'est montré l'ami le plus fidèle de la Révolution, le fléau de l'aristocratie et de toutes espèces de despotisme, et l'observateur le plus zélé des lois dans toutes les circonstances de la Révolution ; qu'il a tout fait ce qui était en son pouvoir pour maintenir l'ordre et soutenir à la hauteur tous ses frères ; que, par ses discours et ses actions, il a toujours éclairé le patriotisme ; qu'il a été élu électeur, tant il a toujours joui de l'estime de ses concitoyens ; qu'il n'a jamais rien dit, rien fait, rien écrit, au moins à notre connaissance, de contraire au bon ordre ou à la tranquillité publique ; enfin, que nous ne pouvons faire que son éloge, et que nous ne connaissons rien en lui qui puisse mériter de ses concitoyens des soupçons d'incivisme ; que nous le regardons au contraire comme un bon citoyen, comme un bon républicain ; en foi de quoi, nous lui avons délivré le présent pour lui servir que de raison. Fait à la commune de la Chaux, le 16 prairial, l'an deux de la république une et indivisible. (*Signé*) François-Blutel, *maire*, Julien La Grue, François La Grue, René de Launay, *notables*, Jérome Guillais, François Engerrand, *officiers*, Jacques Davoust, *agent national* (1) ».

Ce furent donc, selon toute vraisemblance, les offices d'un prêtre *jureur*, qui furent célébrés les derniers dans la petite église de la Chaux. On ne croit plus guère aujourd'hui aux revenants. Mais, il faut avouer, en contemplant ces lamentables ruines, que nulle église ne conviendrait mieux et nul autel ne serait mieux préparé pour qu'un prêtre fantôme vint, sur le coup de minuit, y dire, peinant sous sa chasuble de deuil, l'*introïbo* de ces messes expiatoires, qui se commencent bien, mais que l'on ne peut achever.

\*\
\*\ \*

Remarquons, avant de quitter l'église, une curieuse pierre tombale, placée devant l'un des autels latéraux. Le Jean Le Verrier qui s'appuya sur le bourdon et brandit la colichemarde représentés sur cette dalle n'appartenait pas à la maison seigneuriale, mais à une famille de gentilshommes qui résidait au joli manoir du Coudray (2) et dont nous parlerons plus loin.

Imp. Bouquerel.                    W. Ch. del. s sc.

Dans le cimetière, autour de la croix brisée, se trouvent plusieurs autres pierres tombales, mais leurs inscriptions sont aujourd'hui effacées ou illisibles. Nous n'avons pu en déchiffrer qu'une seule,

<hr>

(1) V. Mémoire pour le citoyen Jacques Vains, ex-vicaire conformiste de la commune de Joué-du-Bois, district d'Alençon, département de l'Orne (Bibliothèque de M. de la Sicotière).

(2) Une vue de ce curieux logis, dessinée par M. W. Challemel, a été placée en tête de ce travail.

celle de Guillaume Allain, dit la Jeunesse, valet de Mme des Rotours, décédé le 5 juin 1765, à l'âge de quarante ans. Singulier caprice de la destinée, qui, tandis que les tombes des seigneurs ont disparu sous les ronces et les plâtras, a conservé, par une inexplicable exception, l'épitaphe de d'Artagnan et celle de Frontin.

*
* * *

L'ancienne demeure seigneuriale de la Chaux, détruite en partie et transformée en ferme, au commencement de ce siècle, ne présente actuellement aucun intérêt archéologique. C'était, disait, il y a quelques années, un vieillard qui l'avait vue dans son ancien état, un logis dans le style de la Renaissance, aux larges fenêtres à meneaux, aux vastes et profondes cheminées, dans le genre du manoir du Coudray (1). Le château de la Chaux était néanmoins, même à cette époque, de petites proportions et fort inconfortable, Nous lisons, en effet, dans les mémoires intimes de Mme de Montreuil que, lorsqu'au siècle dernier, Mme des Rotours recevait des invités, « il n'y avait qu'une partie de ses hôtes qu'elle pût loger chez elle, où il n'y avait à donner qu'une chambre à deux lits et un cabinet ». Le manoir de la Chaux tel qu'il est aujourd'hui, avec ses portes et fenêtres carrées, son jardin clos de murs et sa lugubre sapinière, est la seule note prosaïque et vulgaire rompant l'harmonie originale et poétique d'un vallon dont, heureusement, il est quelque peu éloigné.

La seigneurie de la Chaux n'était qu'un démembrement du fief de Joué-du-Bois, quart de fief de Haubert, relevant de la baronnie d'Asnebecq qui, au XIVe siècle, appartenait à la maison de Beaure-paire (2). Guillaume de Beaurepaire en rendit aveu en 1387, et Ambroise

---

(1) Notes de M. l'abbé Macé, curé de Joué-du-Bois.

(2) Armoiries de la maison de Beaurepaire : *de sable à trois gerbes d'or montantes, 2 en chef et 1 en pointe.* Ces armoiries et celles de la maison Le Verrier, de Champsecret, se trouvent sur un écu parti gravé sur une pierre placée dans la muraille de l'église de Joué-du-Bois.

de Beaurepaire, en 1461 (1). Le fief fut démembré en 1516, entre les héritiers de François de Beaurepaire. Sa sœur Jeanne eut dans sa part le fief nouvellement formé de la Chaux, et l'apporta à Jean de Loré, de la famille du vaillant Ambroise de Loré (2). Jean de Loré et Jeanne de Beaurepaire eurent deux filles ; Françoise qui, le 28 janvier 1538, épousa Jacques de Montreuil (3) et Isabeau, mariée en 1551 à François Le Verrier, sieur de la Sauvagère.

La seigneurie de la Chaux, donnée d'abord par Jeanne de Beaurepaire à sa fille Françoise à l'occasion de son mariage, le fut ensuite à son autre fille Isabeau, sans que l'aînée eût été désintéressée. De là, des procédures qui durèrent un demi-siècle et pendant lesquelles ceux qui les avaient engagées disparurent. Seule, la vieille Jeanne de Beaurepaire survivait. Elle tenta de mettre d'accord ses petits fils, Michel de Montreuil et Thomas Le Verrier, la seconde génération de plaideurs. Ils souscrivirent enfin aux désirs de l'aïeule qui affirmait « n'avoir donné la terre de la Chaux à Françoise de Loré, sa fille, que *contre son gré et pour éviter un mauvais ménage avec son mari*. M. de Montreuil, le 16 juillet 1578, céda à son cousin, Thomas Le Verrier, le domaine de la Chaux, mais — fait à noter, car il a une importance particulière pour l'histoire des familles de notre pays — il conserva malgré cet abandon, le nom de la Chaux, et le transmit à ses descendants (4). Il illustra

---

(1) Aveu de la baronnie d'Asnebecq, rendu par Guillaume de Chamborant, le 20 décembre 1387. — Aveu rendu par Samson de Saint-Germain, le 29 août 1461 (Chartrier du château de Rasnes). Nous tenons à témoigner ici notre vive gratitude à Mme la duchesse de Berghes, qui, en nous ouvrant les archives de Rasnes, où les titres de la maison de Montreuil sont réunis à ceux des barons d'Asnebecq, nous a permis de dresser, d'une façon presque complète, la liste des seigneurs de la Chaux.

(2) Armoiries de la maison de Loré : *d'hermines, à trois quintefeuilles de sable.*

(3) Armoiries de la maison de Montreuil : *d'argent à trois rencontres de cerf de sable.*

4) « Michel de Montreuil, par acte du 16 juillet 1578, céda ladite terre de la Chaux à Thomas Le Verrier, fils et héritier dudit François Le Verrier, sieur de la Sauvagère... *et il conserva malgré cet abandon le nom de la Chaux.* » (Notes généalogiques de Renée-Françoise-Olive Doynel de Montécot, épouse de René-Charles-Pierre de Montreuil, comte de la Chaux, seigneur de Vaugeois, du Bois-Hamelin et de Neuilly). Quoique

lui-même, dans les guerres de la Ligue, le nom d'une terre qui ne lui appartenait plus et devint le célèbre capitaine La Chaux. Nous verrons, au XVIIIᵉ siècle, une de ses descendantes revenir, après un mariage, dans une seigneurie dont les siens portaient toujours le nom.

François Le Verrier, le mari d'Isabeau de Loré, appartenait à une maison Le Verrier, qui possédait de nombreuses propriétés dans l'élection de Falaise et qu'il ne faut pas confondre avec la famille Le Verrier de Champsecret, à qui appartenait pourtant alors la seigneurie de Joué-du-Bois (1). François Le Verrier tirait son nom de sieur de la Sauvagère du petit fief du Plessis, huitième du fief de Haubert, assis dans la paroisse de la Sauvagère et s'étendant dans celles de Saint-Maurice et de la Coulonche, qui relevait de la baronnie de la Ferté-Macé (2). Thomas Le Verrier, le fils de François, devait, pour prix de la cession de la seigneurie de la Chaux, payer à son cousin, Michel de Montreuil, 660 écus d'or, dans un délai de dix-huit mois. Ne pouvant verser cette somme à l'époque fixée, il donna en échange à M. de Montreuil les fiefs et métairie du Mesnil et de la Sorillère dans la paroisse de Joué-du-Bois.

\* \*
\*

Des Le Verrier, la terre de la Chaux passa, nous ignorons comment,

---

l'auteur de ces précieuses notes ait plus ordinairement porté le nom de comtesse de la Chaux, pour éviter une confusion perpétuelle, nous la désignerons dans cet opuscule sous le nom de Mme de Montreuil.

(1) Armoiries de la maison Le Verrier de la Conterie : *d'argent, à une hure de sanglier de sable, allumée et défendue d'argent*.

Armoiries de la maison Le Verrier de Champsecret : *d'argent, au lambel de gueules au chef d'azur chargé de trois besants d'argent*.

Ces dernières armoiries se trouvent, nous venons de le voir, sur une pierre de l'église de Joué-du-Bois. M. Jules Appert a bien voulu joindre à ce travail une note consacrée aux diverses maisons Le Verrier de notre pays qu'il est souvent assez difficile de distinguer.

(2) François Le Verrier était fils de Jehan Le Verrier, à qui sa femme, Marguerite de Nocey, avait apporté le fief du Plessis. L'aveu de Jehan Le Verrier du 7 avril 1518 est conservé aux archives nationales (Chambre des Comptes de Normandie. Anciens aveux du bailliage de Caen. p. 300. 2. n° 244.)

à la maison de Brosset (1), qui possédait également le fief de Cuissai, près d'Alençon. Gilles de Brosset, seigneur de la Chaux, dans la première moitié du xvııᵉ siècle, avait épousé Esther de Jupilles. Il en eut un fils unique, Pierre de Brosset, conseiller et maître-d'hôtel ordinaire du roi, capitaine d'une compagnie de chevau-légers, qui épousa Françoise-Louise de Caignou, fille de Julien de Caignou, sieur de Boismagny et de Louise Le Gentil. Elle était sœur d'Anne de Caignou, mariée en premières noces à Jacques d'Orglandes, baron de Briouze, et, en secondes, à Jacques Ledin, sieur de la Châlerie, et de Claude Caignou, docteur en théologie, prieur-curé de Beaufort, en Anjou. Ce prêtre, d'une remarquable instruction, pour s'être fixé dans une autre province et avoir même quelque peu couru l'Europe, ne s'en intéressait pas moins de la façon la plus minutieuse aux faits et surtout aux affaires de son pays natal (2). Il a laissé un curieux livre de raison qui nous donne sur le mariage de Pierre de Brosset, des renseignements précis :

« En 1669, au mois d'avril, furent signés les articles du mariage de M. de la Chaux avec ma sœur puînée... M. de Boismagné, mon père, est décédé le 23 may de la même année, en sa maison du Boismagné, et a été enterré en l'église de Magné ; ledᵗ Sʳ de la Chaux a assisté en deuil avec les parens à son enterrement, comme accordé à la fille du défunt..... Le 17 septembre 1669, a esté passé le contrat de mariage de Mme de la Chaux, au Boismagné, devant Jean Challemel, tabellion de la Ferté-Macé..... Le 17 octobre 1669, fut célébré le mariage de Mme de la Chaux, dans notre chapelle du Boismagné par le sieur Jacques de Blangi, prêtre, prieur de Lignac. »

Pierre de Brosset eut cinq enfants : quatre filles et un fils, qu'il perdit

---

(1) Armoiries de la maison de Brosset : *de gueules, à trois chevrons d'argent, accompagnés de neuf merlettes du même en orle.* Les Brosset ont possédé divers fiefs aux environs d'Alençon. Leur principale illustration a été Claude Brosset, abbé commendataire de Perseigne (1581-1595). V. Cauvain, *Essai sur l'armorial du diocèse du Mans.* p. 45 et G. Fleury, *Cartulaire de l'abbaye de Perseigne,* p. lvıı.

(2) V. sur Claude de Caignou, M. Célestin Port. *Dictionnaire historique de Maine-et-Loire,* T. 1, p. 541, et M. Denais, *Histoire de l'Hôtel-Dieu de Beaufort,* p. 64.

en bas âge. Il mourut le 13 décembre 1684, âgé de 70 ans environ.
« J'étais alors à Paris, écrit dans son livre l'abbé de Caignou, chez
mon oncle Le Gentil (1), avec Mme de la Châlerie et Mlle de Briouze.
M. de la Chaux ne laissait que des dettes. M. de la Blanchardière,
sénéchal de la Chaux, fut nommé tuteur consulaire des mineurs dont la
mère, par sa persévérance, finit par rétablir en partie la fortune (2).

Elle fut récompensée de cette économie que nous verrons pourtant
contester plus loin par le brillant mariage de sa fille, Anne-Nicole,
qui, le 26 janvier 1696, épousa Jacques des Rotours, chevalier de
Sainte-Croix, fils d'André des Rotours et de Madeleine de Liast. La
seconde fille de Mme de Brosset épousa M. de la Fauvelière et eut
Cuissai dans sa part ; les deux dernières entrèrent en religion, l'une à
Alençon, l'autre à Rouen.

* *

La maison des Rotours, dans laquelle ce mariage fit passer la
seigneurie de la Chaux, était originaire de la paroisse des Rotours,
voisine de Putanges (3). Le nouveau M. de la Chaux (car il s'appela de
suite ainsi) appartenait à la branche de la famille des Rotours, dite de
Fougi. Il eut cinq enfants : Louis-Philippe qui, après lui, posséda la terre

---

(1) L'abbé Le Gentil, oncle de Claude de Caignou, avait été chargé de la publication
des *Mémoires de l'Assemblée générale du Clergé*, et avait pris son neveu pour
collaborateur.

(2) Elle dut pour cela voir clair dans les comptes les plus embrouillés et les plus
méticuleux que sa mère et le bon abbé de Caignou lui-même lui présentaient, dès qu'il
était question du règlement de ses *promesses de mariage*. Citons quelques articles
curieux ou amusants du registre du prieur de Beaufort :

« Depuis lequel aquit, en partant de Bréouze pour s'en retourner à la Chaux, elle
(Mme de Brosset), nous a chargé de payer pour elle à la veuve du sellier de Bréouze
pour une selle qu'elle a achetée d'elle et qu'elle a emportée. Soixante-dix-huit sols...

« Le mercredy 8 octob. 1687, j'ay envoyé à Mme de la Chaux, à la Chaux par le fils de
Mme Liéjar, hôtesse de la Couronne à Bréouze, quatre-vingt livres en petites pièces sur
ce que nous lui devons de son mariage....

« Plus la veille du départ de Mᵣ de Bréouze pour s'en retourner à la Cour, je lui ay
donné un écu pour acheter à Mme de la Chaux une coiffure. »

(3) Armoiries de la maison des Rotours : *d'azur à 5 besants d'argent, placés 2 et 1*.
V. sur cette famille, *Notice historique sur la maison des Rotours en Normandie*, par
Borel d'Hauterive (1853).

de la Chaux ; Charles-Louis, né le 31 janvier 1708, qui, étant lieutenant au régiment de Champagne, reçut, le 29 juin 1734, à la bataille de Parme, un coup de feu dans la poitrine, dont il mourut quelques jours après ; Pierre-André, né le 12 janvier 1710, qui servit dans les cadets et, étant de garde à la citadelle de Metz, tomba dans un souterrain où il se fracassa le corps, fut admis aux Invalides et y mourut; Rébecca, qui épousa M. Le Febvre du Cruchet, et Charlotte-Françoise qui ne se maria pas (1). Jacques des Rotours mourut le 15 mai 1710.

Louis-Philippe des Rotours, son fils aîné, d'une nature aimable mais indolente, passa dans le petit manoir de la Chaux une jeunesse absolument oisive. Adoré par sa grand'mère, Françoise de Caignou, qui ne mourut qu'en 1728, âgée de plus de 80 ans, idolâtré par sa mère qu'il ne perdit qu'en 1739, il était l'objet d'une véritable religion domestique. « M. des Rotours de la Chaux — écrivit plus tard sa belle-sœur, Mme de Montreuil — était extrêmement honnête homme et considéré de tous ses voisins. Sa nonchalance seule et sa paresse faisaient tort à ses affaires, auxquelles il ne remédiait que malgré lui la plupart du temps, lorsque des procès ou autres chicanes que ses créanciers lui faisaient l'obligeaient de les suivre (2). » Il était d'ailleurs généreux, parfois même à l'excès, ainsi que sa mère, Nicole de Brosset, qui donnait sans compter à tout ce qui, gens ou bêtes, prétendait vivre, et bien vivre, chez elle. « Elle était — rapporte Mme de Montreuil — une des mauvaises ménagères de son temps, son goût outré pour les animaux l'engageant à perdre le produit de beaucoup de vaches pour en faire boire le lait à ses chiens ; le grain allait de même pour d'autres animaux, de sorte qu'elle avait contracté bien des dettes. Néanmoins, elle avait acheté le Coudray, qui est une acquisition bien admirable pour la proximité du lieu, qui est tout près du jardin de la Chaux. »

\*
\* \*

Laissé seul au coin de son foyer par la mort de Nicole de Brosset,

---

(1) Notes généalogiques de Mme de Montreuil.

(2) *Mémoires intimes* de Mme de Montreuil ; ce manuscrit, malheureusement incomplet, est peut-être le plus curieux de ceux que son auteur nous a laissés.

sa mère, le châtelain de la Chaux s'aperçut enfin qu'il n'était plus éloigné de la quarantaine et qu'il était grand temps pour lui de songer au mariage. Il se mit aussitôt en quête d'une femme, mais sans se départir entièrement dans cette recherche, de sa nonchalance habituelle. Ce ne fut en effet que quatre ans après, le 11 août 1743, qu'il signa au château de Veaugeois, devant Louis Davoust, notaire à Couptrain, son contrat de mariage avec Charlotte de Montreuil, fille de feu René-Charles de Montreuil, seigneur de la Chaux, Vaugeois, Neuilly, la Pallu, Mondot et la Béraudière, et de Charlotte Tréton, fille d'un maître de forges qui avait le cœur, nous dit sa belle-fille, Mme de Montreuil, « formé avec le fer qu'on fabriquait dans sa maison. » Mais faut-il s'en rapporter aux appréciations d'une bru qui parle de sa belle mère ? Nous verrons bientôt que si Charlotte Tréton avait un cœur de fer, elle mourut du moins de ce fer-là.

Charlotte de Montreuil, avant d'épouser M. de la Chaux, avait manqué deux avantageux mariages, dont sa belle-sœur nous parle plaisamment dans ses mémoires intimes. La première fois, ce fut la faute du futur, un certain M. de Foulongnes, « très bon gentil-homme du voisinage, mais qui n'avait que peu de monde et d'éducation, et qui, dans le fort des assiduités qu'il aurait dû avoir pour sa belle, lui fit remarquer qu'elle n'était pas un parti considérable, ajoutant que nul autre que lui ne lui ferait changer de nom. » La belle, indignée, déclara avec fierté qu'elle ne porterait assurément jamais le sien. Mais voilà qui prouve que, dans le siècle de Marivaux, il n'y avait pas que des chevaliers galants !

Le second mariage fut manqué par la négligence de M. de Neuilly, frère de Charlotte de Montreuil, qui avait omis de parler à sa sœur, comme on le lui avait demandé, d'un vieux M. de Gouvets, « ancien capitaine, que son âge et ses infirmités avaient obligé de quitter le service, et qui désirait laisser le bien qu'il avait amassé à quelque demoiselle de nom. » Après le butor, c'était le grognard. M. de Neuilly, par délicatesse, ou plutôt, convenons-en, par insouciance, ne s'acquitta de cette étrange mission, que lorsqu'on apprit le mariage du capitaine avec Mlle de Villarmois, d'Avranches.

L'on pensa, à la suite de cette confession, arracher les yeux de M. de Neuilly, et l'on faillit l'étrangler trois mois après, quand on sut que le vieux richard était mort et que sa jeune veuve allait, grâce aux bénéfices de son trimestre matrimonial, filer des jours d'or et de bonheur, avec un aimable et pimpant chevalier de Chavoy.

Le troisième projet de mariage de Mlle de Montreuil avec notre seigneur de la Chaux, fut lui-même sur le point de ne pas aboutir. Mme de Montreuil, effrayée en effet des dettes de son futur gendre, allait lui faire dire par M. de Villepail, le négociateur du mariage, que tout était rompu, quand Mlle de Montreuil, bien déterminée à se marier cette fois, fit parvenir à M. des Rotours, par le prieur de Chevaigné, sorte de Figaro ecclésiastique, une réponse favorable et définitive. « Cette persévérance, ajoute Mme de Montreuil, fut enfin couronnée par un hymen qui eût été plus heureux, si la fortune eût favorisé les deux époux qui, à cela près, ont été bien unis, le mari ayant beaucoup d'égards pour sa femme. »

\*
\* \*

Il dut en avoir aussi beaucoup pour sa belle-mère, la soi-disant intraitable Tréton, qui n'était après tout qu'une vieille coquette de province, parfois acariâtre et ordinairement égoïste, rendant à ses petits-enfants, parce qu'ils procédaient d'elle, un culte malsain et malentendu : dispense de travail et offrandes de galette. M. de la Chaux vécut deux ans à Mayenne, recevant de temps à autre, sans trop les ressentir, grâce à sa mollesse qui les amortissait, les coups de boutoir de la douairière de Montreuil. Ce ne fut qu'en 1745 qu'il ramena à la Chaux, pour une installation définitive, la descendante des anciens seigneurs du petit domaine. La Chaux, près d'une femme qu'il aimait sincèrement et loin d'une belle-mère qu'il ne pouvait regretter, eût été pour Louis-Philippe des Rotours un paradis véritable sans le constant souci de ses dettes. « Il les cachait à sa femme autant qu'il pouvait et ne communiquait ses affaires qu'à son curé, l'abbé de Bois-Eudes, qui était un gentilhomme de ses parents, et lui rendait tous les services qui pouvaient dépendre de lui. » Louis-Philippe des Rotours mourut le 22 août 1753, laissant trois enfants : Louis-Antoine, né à Mayenne, le 30 octobre 1744, qui fut le dernier seigneur de la Chaux ; Charlotte-Françoise-Hervée, née le 26 mars 1747, et Henriette-Charlotte-Renée, née le 22 août 1748.

\*
\* \*

Charlotte Tréton, à la mort de son gendre, se rendit immédiatement à la Chaux, et emmena à Mayenne Louis-Antoine des Rotours, déclarant se charger de son éducation. Elle s'en déchargea en fait, autant qu'elle le put, sur ses serviteurs et sur sa belle-fille, Mme de Montreuil, ne se réservant guère que les distributions de caresses et de friandises. Les mémoires de Mme de Montreuil nous fournissent les plus curieux détails sur la singulière éducation de M. des Rotours, que sa grand'mère adorait sans nul doute, mais d'une adoration commode et à heures fixes, n'empiétant jamais sur celles réservées à la toilette et au bavardage. Elle embrassait le matin l'enfant avec passion, puis l'oubliait pour être tout oreilles aux cancans de la ville. « Dès que ma belle-mère était éveillée, on allait, vers les six heures du matin, au chevet du lit, pour lui apprendre les nouvelles que la poste venait d'apporter, ou qui s'étaient passées dans ses connaissances. On lui venait rendre compte du ménage d'un chacun, de ce que chaque domestique gagnait de gages, avait eu d'habits ou de cotillons, et pourrait rester dans la maison où il était, et mille autres choses de cette espèce... et pendant ces occupations si importantes, on faisait peigner M. des Rotours, ce à quoi on faisait tant d'attention que, quand on me l'envoya, sa tête était si pleine de toutes sortes de vermines, qu'on ne lui osait toucher. » Et le dedans de la tête du pauvre garçon n'était pas mieux cultivé que le dehors : « M. des Rotours exactement ne savait pas lire, toute la lecture que sa grand'mère lui faisait faire, étant dans la *Vie de Jésus-Christ*, qu'il savait entièrement par cœur, de sorte que, quand je lui donnais d'autres livres, il faisait des fautes si ridicules, qu'on était poussé à bout de l'écouter. »

L'éducation, donnée à Louis des Rotours, était à la hauteur de cette instruction singulière, car, pour être pouilleux et ignorant à l'excès, le jeune seigneur de la Chaux n'en était pas moins considéré par son aïeule comme un vrai petit roi, à qui, en ce bas monde, tout appartenait ou devait appartenir : « Chaque fois qu'il voulait parler de quelque chose qui se faisait chez sa bonne maman, il disait : « *Chez moi,* on fait ceci ou cela, » et ainsi de même pour tout..... Dans un voyage que nous fîmes ensemble à la Chaux et où M. des Rotours nous poussa à bout dans la route par sa méchanceté, à chaque objet qu'il voyait, il demandait : « Bonne maman, n'est-ce pas là mon écurie, mes chevaux, ma prairie, mon jardin ? » A quoi elle répondait toujours oui, ajoutant pour conclure : « Oui, mon chéri, tout est à toi ! » Il était réellement temps, il faut en convenir, que M. de Berquin vint apporter aux enfants et aux adolescents ses enseignements salutaires !

Pendant les séjours de son neveu à Vaugeois, Mme de Montreuil qui avait autant de bon sens que d'instruction, faisait, mais trop souvent en vain, les plus sérieux efforts pour lui former le cœur et l'esprit : « Pendant qu'il était ici, nous nous entretenions de la Bible, sur laquelle je lui faisais faire, comme à mon fils, les réflexions que le sujet demandait, et sur toutes sortes de lectures c'était de même, afin de l'accoutumer à réfléchir et à conserver la mémoire de ce qu'il venait de lire. » Malheureusement, l'enfant était aussi dissipé et turbulent que son père était calme et réfléchi, et les soins d'une maison que Mme de Montreuil dirigeait de la façon la plus minutieuse la dérangeaient souvent de sa tâche : « Quand j'allais commencer à faire lire ou écrire mon fils et M. des Rotours, des ouvriers venaient me demander d'aller leur montrer comment et dans quel endroit il fallait placer un lit, attacher une tapisserie, et j'étais sûre de ne pas les trouver quand je revenais. »

A la Chaux, Louis-Antoine des Rotours, à qui sa mère laissait la bride sur le cou, devenait un vrai cheval échappé : « Abandonné à lui-même, il ne gardait aucun ménagement pour la chasse et la pêche. « M. le curé de la Chaux, qui était un gentilhomme nommé Eudes, avait chez lui un neveu un peu plus âgé que M. des Rotours qui l'excitait à aller chasser, lui fournissant des armes qu'il louait ou prenait en cachette chez les voisins, de sorte que, c'est comme un miracle qu'il ne soit pas arrivé les plus funestes accidents, pendant que Mme des Rotours, qui recommandait à son fils de n'aller que dans le jardin ou les environs, ignorait qu'il était à une ou deux lieues. »

L'on dut pourtant songer à mettre un terme aux fredaines du jeune châtelain de la Chaux, et à l'envoyer au collège; mais il lui eut fallu un bon collège fermé, tandis que son incorrigible grand'mère se contenta d'un externat à Mayenne. Il courut aussitôt par la ville comme il avait coutume de courir par les champs, et aux peccadilles de pêche et de chasse, les frasques d'amour succédèrent bientôt.

« Enfin, M. des Rotours étant parvenu à une dissipation et à des excès auxquels peu de gens de son âge se livrent de si bonne heure, son aïeule, importunée de tous les avis qu'elle en recevait, se détermina à le faire entrer dans la marine. Il se rendit à Brest au mois de mai 1758, pour s'embarquer sur l'escadre commandée par M. de Bompart, qui se rendait à St-Dominique. »

Ce fut un coup de foudre pour la grand'mère qui, frappée dans une affection aussi profonde que désordonnée, ne put se désaccoutumer de la présence du vaurien bien-aimé. Elle le suivit jusqu'à Brest de la pensée et du cœur, interrogeant anxieusement, dans les repos d'une partie de comète ou d'hombre, les officiers de marine retirés à Mayenne. Elle reçut d'eux l'assurance, jusqu'au mois de janvier suivant, que les vents contraires empêchaient la petite escadre de quitter la rade, et elle bénissait les vents et les tempêtes. Mais, quand elle fut avertie, un soir, après avoir remis les fiches dans leurs boîtes, que la flottille allait enfin quitter le port, elle se sentit accablée d'une maladie, — véritable maladie de tendresse, — qui, le 15 février suivant, la mit au tombeau.

*
* *

Le Chérubin de Mayenne revint des Grandes-Indes, sinon repentant, tout au moins converti. Il accepta sans trop de regrets et de déplaisir

l'existence casanière et provinciale de sa petite seigneurie de campagne. Il avait épousé, près de chez lui, Alexandrine-Pulchérie-Aimée
Le Prévost (1), de la paroisse de Saint-Hilaire-de-Briouze, dont il eut
deux fils, Charles et Henri. Satisfait de sa félicité domestique, il
pensait s'être assuré une digne et calme vieillesse, dont la monotonie
serait corrigée par les souvenirs de ses années d'aventures, quand la
Révolution vint déranger tout cela. Il était parti jadis pour les
îles, laissant derrière lui une mère pour l'assister ; émigré, il prit
la route d'Angleterre, emmenant avec lui des enfants à nourrir, et
trouvant cette fois, au terme du voyage, le brouillard opaque de
la Grande-Bretagne à la place de l'éblouissant soleil des Antilles.

*
* *

Pendant ce temps, conformément à l'article ix de la loi du
8 avril 1792, relative aux biens des émigrés, l'on avait mis en
vente à la Chaux « les biens appartenant au sieur Louis des Rotours,
consistant, en : 1° Une maison, prés, jardins, terre labourable,
bois taillis, buissons, mare et étang ; 2° une ferme, nommée la
Basse-Cour, affermée à Jacques et Julien Dupont ; 3° une autre
terre, nommée la terre du Coudray, affermée au nommé Chaumont ;
4° un courant d'eau faisant mouvoir le marteau d'une poêlerie ;
5° trois petites portions de terre labourable, un petit pré et une
maison occupés par le sieur Renult, curé de la Chaux (2). » Jacques
Dupont, fermier de la Basse-Cour, racheta ces biens, mais, comme
il était souvent aussi difficile que dangereux de faire passer de
l'argent aux émigrés, M. et Mme des Rotours eurent à subir à
Londres toutes les tristesses de l'émigration. Nous les avons trouvés

---

(1) Armoiries de la maison Le Prévost : *d'azur au lion d'or rampant, tenant dans
la patte dextre une hache d'argent.* V. sur cette famille, M. Victor des Diguères, *la
Vie de nos pères en Basse-Normandie*, p. 261.

(2) V. Liste des Biens situés sur le territoire du département de l'Orne, appartenant
à des Particuliers qui n'ont pas justifié de leur résidence dans le Royaume, conformément à l'article ix de la loi du 8 Avril 1792, relative aux Biens des Emigrés. Alençon,
*Malassis le Jeune*, 1792, p. 16.

inscrits sur la liste des émigrés assistés par l'*Emigrant office*, comme recevant quatre guinées par mois (1). Louis-Antoine des Rotours mourut en Angleterre.

Ses deux fils, Charles et Henri, l'avaient suivi dans l'émigration. Ils songèrent, dès que leur âge le leur permit, à se rendre utiles et à servir dans les armées royales. Henri des Rotours avait été page du prince de Condé. M. de Gruel, son oncle maternel (2), s'autorisa de ce titre pour demander au prince de l'emploi pour son neveu. Le prince fit une réponse très honnête, promit pour l'avenir, s'excusa du passé sur ce qu'il lui avait fallu replacer beaucoup d'officiers, et n'accorda rien pour le présent (3). Nous ne croyons pas que jamais Henri des Rotours ait servi en France ou à l'étranger.

Son frère aîné, Charles, était alors au pays, où il avait fait la première campagne de la chouannerie dans la division d'Ambrières. Après la pacification de 1796, il ne quitta pas la Normandie. Il fut chargé un jour, par Picot, lieutenant du général de Frotté, alors dans le pays d'Auge, d'une mission secrète près de M. de Saint-Paul, caché au château de Monceaux, chez Mme de Monceaux, sa tante. Surpris par les troupes du cantonnement de La Ferté-Macé, au moment où il tirait de ses bottes un paquet de dépêches, il fut incarcéré à Alençon. Libéré peu après, grâce à l'intervention puissante du général Le Veneur, son voisin de Carrouges, il paraît être retourné en Angleterre (4).

Il ne fut donc pas vraisemblablement témoin du petit fait de guerre dont la Chaux fut le théâtre, car, pour qu'il ne manque

---

(1) Record office. — Liste des émigrés secourus par l'*Emigrant office* (1799).

(2) Julien-René de Gruel avait épousé Marguerite-Claude-Henriette-Elisabeth Le Prévost, sœur de Mme des Rotours. La famille de Gruel habitait St-Hilaire-de-Briouze. Nous possédons, dans notre collection d'objets bas-normands, une enseigne de cabaret, où quelque serviteur retraité a placé, selon une coutume suivie encore en Angleterre, au-dessous des armoiries de ses maîtres (*d'azur à 3 grues d'argent placées 2 et 1*), l'inscription suivante :

AUX ARMES DE M<sup>r</sup>

DE GRUELLE. BON VIN

— BON LOGIS —

(3) V. Jacques de Thiboult du Puisact. *Journal d'un Fourrier de l'armée de Condé*, p. 102.

(4) Notes de M. l'abbé Macé, curé de Joué-du-Bois.

vraiment rien à la poésie du petit vallon, et comme pour la dramatiser, des coups de feu de chouannerie retentirent sous les futaies du chemin de Joué-du-Bois et rayèrent de reflets de feu la surface tranquille de l'étang de Folie.

*
* *

Quelques jours après le combat de la Forge-de-Cossé, rapporte un contemporain dans ses mémoires, « le 3 ou 4 février 1800, le baron de Commarque, chef d'état-major du général de Frotté, avec quatre cents hommes, rencontra sept cents républicains près du Mesnil-Gondouin. Il leur tua quatre hommes, et les combattants se retirèrent chacun de leur côté ; mais, le 5, M. de Commarque fut surpris au château de la Chaux, dès la pointe du jour, par cette même colonne. Par un miracle de la Providence, il se fit jour à travers les républicains en leur tuant quatre hommes et en en blessant treize. Lui-même n'eut que trois blessés (1). »

Nous tenons à rapprocher de cette note concise ce que la tradition a conservé à la Chaux sur la surprise de février 1800. Dans les deux versions, on va le voir, le chiffre des blessés varie. « Après l'engagement du Mesnil-Gondouin, M. de Commarque vint se reposer à la Chaux. Il avait laissé à Asnebecq (ayant établi des postes à Belle-Arrivée, à Pringault et au Coudray) une arrière-garde dont le chef donna à son hôtesse une recette merveilleuse pour faire la soupe aux choux. La soupe aux choux si savamment préparée, fut mangée par les républicains du général Chambarlac qui, ayant reçu des renforts de Briouze, accouraient prendre leur revanche du Mesnil-Gondouin. Ils étaient conduits par un certain Laplanche, de St-Georges-d'Asnebecq, qui avait été les prévenir pendant la nuit. Vers quatre heures du matin, après avoir dispersé les chouans d'Asnebecq, les républicains se rendirent au château de la Chaux, où dormait Commarque sous la garde de quarante hommes. Les bleus ne purent, sans donner l'alarme, investir complétement le petit château. Le major Fierville, s'étant mis à la tête de ses chouans les plus braves,

---

(1) V. Clément Edouard, marquis de Moustier, aide de camp du général de Frotté, *Souvenirs manuscrits sur M. de Frotté et son armée.*

fit une sortie et y trouva la mort. Commarque, pendant ce temps, put revêtir ses habits et gagner la campagne par l'arrière du logis. Les chouans perdirent cinq hommes. Deux furent trouvés sous la paille ; les bleus les *ébreuillèrent*, disent encore les gens du pays. Un autre, qui s'était réfugié dans un arbre, fut descendu à coups de fusil. Les républicains perdirent seulement deux hommes. Ils emportèrent leur unique blessé à la Ferté-Macé sur un lit pris chez le fermier Dupont. Les cadavres furent enterrés dans les grands prés où serpente la Gourbe, près de la barrière du château (1). »

La tradition locale veut que l'un de ces morts ait été le dernier évêque d'Avranches, qui aurait échangé la crosse contre le mousquet. La tradition a tort cette fois, le dernier évêque d'Avranches, M. de Belbeuf, étant mort en Angleterre pendant l'Emigration. Mais un cadavre, trouvé sous un toit à porcs après le combat, portait à son doigt raidi une bague de grand prix que l'on regarda comme un anneau pastoral. De là sans doute est venue la légende.

Les des Rotours revinrent vers 1800, dans leur ancienne seigneurie qui n'était plus que leur propriété. Et, comme il avait fallu racheter cette propriété, le remboursement des sommes avancées par des acquéreurs complaisants, jeta les émigrés, dès leur retour en France, dans les plus grands embarras d'argent. D'ailleurs, après avoir couru le monde, même par force, ils ne retrouvèrent pas sans doute au séjour de la Chaux le charme d'autrefois. Ils vendirent donc leur terre pour la somme de 96,000 fr. à M. Catois, de Rasnes, qui céda immédiatement la Maillardère, ferme située à Joué-du-Bois, au fermier Dupont ; le Coudray, à M. Guillochin, et la Poëlerie à M. Guillouard, de Brais, qui y continua la fabrication des poêles pendant quelques années. Les des Rotours n'eurent donc plus désormais d'intérêts à la Chaux. Charles des Rotours épousa, en 1804, à Argentan, Angélique-Sophie de Chambray, et mourut sans postérité. Henri eut un fils et deux filles d'Agathe-Félicité de la Porte, fille du marquis de la Ferté-Fresnel, qu'il avait épousée le 6 juin 1799. Mme des Rotours,

---

(1) Notes de M. l'abbé Macé.

la veuve de Louis-Antoine, mourut à Argentan en 1807. Le château de la Chaux, ou plutôt ce qui en reste, appartient actuellement à M. Aumont.

*<br>* *

A peu de distance du château de la Chaux, sur la route conduisant à Rânes, se trouve le joli manoir du Coudray, curieux spécimen d'un logis normand du xvie siècle. Le logis du Coudray était la résidence d'une branche de cette maison Le Verrier qui posséda la seigneurie de la Chaux à la fin du xvie siècle. René Le Verrier, sieur du Coudray, épousa, le 3 juillet 1561, Renée de Mondot, fille de Jean de Mondot et de Jérôme des Prés. Il eut deux fils, nommés Pierre et Guillaume. Un membre de sa famille, son frère peut-être, Jean Le Verrier, sieur du Bois-André, à la Carneille, décéda au Coudray, le 5 avril 1619. Il repose dans l'église de la Chaux, sous la pierre tombale, chargée de l'épée et du bourdon du pèlerin dont nous avons parlé. De la maison Le Verrier, le Coudray passa à la maison Le Royer (1). Gabriel Le Royer, qui le possédait au milieu du xviie siècle eut, de Marie de Catey, morte le 2 juin 1680, deux filles, Louise et Catherine. Catherine épousa Jacques de Lonlay, écuyer, sieur de Ste-Catherine, dans la paroisse de Montreuil ; Louise, qui hérita du Coudray, fut mariée dans l'église de Neuilly-le-Vendin, à Gabriel Le Verrier, écuyer, sieur de la Conterie, fils de Gabriel et de Madelaine des Rotours. Gabriel Le Verrier, appartenait à cette branche de la maison Le Verrier qui tirait son nom du hameau de la Conterie, situé dans la paroisse de Saint-Brice. C'est à elle qu'appartient Le Verrier de la Conterie, le fameux auteur de la *Vénerie normande*.

Gabriel Le Verrier de la Conterie et Louise Le Royer, eurent trois enfants : Antoine-Gabriel, né le 18 novembre 1687 ; Catherine, Louise, née le 12 février 1690, et Jacques, baptisé le 30 mars 1694. Louise Le Royer mourut le 4 août 1696. Gabriel Le Verrier se remaria avec Louise de Mésenge. Les Le Verrier, ayant des intérêts nouveaux, se détachèrent sans doute insensiblement du Coudray, qui

---

(1) Armoiries de la maison le Royer : *de gueules, à trois fasces d'argent.*

fut au commencement du XVIIIᵉ siècle acheté, comme nous l'avons vu, par Mme des Rotours de la Chaux. Nous avons dit aussi que, vendu, au début du siècle, avec les autres biens de la maison des Rotours, il fut acquis par M. Guillochin. Il est actuellement divisé entre plusieurs propriétaires ; M. Guillochin, maire de la Chaux possède une partie de la terre et du manoir.

Imp. Bougre et la Ferté-Macé.          W. Challmel del & sc.

A l'extrémité de l'étang de Folie, entre les pentes rocheuses qui le dominent au sud et la futaie qui ombrage la route de Joué-du-Bois, se trouve le Champ-du-Gué : quelques bâtiments de ferme, groupés autour d'un logis bas et long, aux larges fenêtres. Ce logis était jadis la demeure de la maison Le Febvre (1), la seconde à la Chaux, et parfois la première lorsque le château était inhabité.

Mme de Montreuil nous parle longuement de ces Le Febvre, qu'elle rattache sans grandes preuves aux Le Febvre de la Boderie. Le premier mentionné par elle, dans ses notes, est Gilles Le Febvre, sieur du Champ-du-Gué. Il épousa Renée de Bastard, fille de René de Bastard, sieur de la Roche-Paragère (2), et de Julienne de Montreuil. C'était une veuve ayant de son premier mari, Jacques de Guibert, seigneur de Villepail, une fille mariée à François de Lonlay. Gilles Le Febvre mourut en 1685. Dans le rôle de l'arrière-ban du baillage de Falaise, commandé par René de Montreuil, l'on inscrivit, en 1693, « la veuve du feu S$^r$ Gilles Le Febvre Champ-du-Gué, demeurant paroisse de la Chaux, qui avait quatre enfants, dont un en état de servir et 300 livres de rente. »

Jean Le Febvre, le fils en état de servir, fit relativement un mariage de fortune, en épousant Louise Le Comte, de la ville d'Alençon. Il avait un cadet, François-René, né le 20 mai 1671 et mort le 3 septembre 1713, qui vécut à la Chaux, à son coin d'étang, sans autre histoire que ces deux dates. Ses sœurs épousèrent : l'aînée, Jacques de Herberlin, sieur de la Rochelle, de la maison des Herbelin de la Réveillère, qui habitait St-Calais-du-Désert (3) ; la seconde, Charles Le Maire, sieur de la Chaussée, de la paroisse de la Chaux.

Le mariage de Jean Le Febvre avec Louise Le Comte paraît lui avoir apporté amour aussi bien qu'argent, car il n'eut pas moins de neuf enfants. L'aîné des fils survivants, Jean-Pierre-René, mourut à 35 ans, en 1756, sans qu'il y ait rien à en dire. Son jeune frère Louis, chevau-léger du roi et la seule petite illus-

---

(1) Armoiries de la maison Le Febvre : *d'azur, au chevron d'or, accompagné de trois croissants d'argent.*

(2) V. sur les Batard de la Roche-Paragère, *Un livre d'heures de la maison de Champlais*, par le comte de Bastard d'Estang, p. 36.

(3) V. sur la maison de Herbelin de la Réveillère, M. Hippolyte Sauvage, *Histoire manuscrite des communes du canton de Couptrain.*

tration militaire du Champ-du-Gué, avait été, le 31 août 1755,
inhumé dans le chœur de l'église de la Chaux. Les Le Febvre, de
l'humble manoir bas-normand, comme de plus illustres maisons, finirent
donc en quenouilles, quenouilles tenues par Renée-Louise, Mlle du
Champ-du-Gué ; Catherine-Louise, Mlle du Buisson, et Jeanne-Charlotte, Mlle de ..... l'on n'avait su trouver quoi, ayant tiré des
dénominations des moindres masures et des dernières broussailles.

Jeanne-Charlotte épousa, le 31 janvier 1741, son cousin Charles
de Herbelin, sieur de la Réveillère, et s'en alla à Saint-Calais ;
Catherine-Louise fut mariée, le 11 janvier 1745, à Claude-Charles
d'Anthenaise, appartenant à la branche dite de Rouilly de cette
ancienne maison (1), et quitta le pays. Mlle du Champ-du-Gué resta
donc seule, sans distraction de cœur ni de société, dans le logis
paternel, vidé par les morts et les mariages. Elle chercha alors
plus haut et plus loin que l'horizon charmant mais limité qu'elle
pouvait apercevoir de la Chaux, et, consacrant à Dieu presque
tout entière, sa maigre part d'héritage, elle entreprit de faire décorer
l'église. « Dans la présente année 1763, disent les registres paroissiaux
de la Chaux, noble demoiselle Renée Le Febvre du Champ-du-Gué a
fait lambrisser la nef de cette église par Jean Radigue, charpentier de
la paroisse de Joué-du-Bois et Michel Bisson, de celle de St-Georges-
d'Asnebecq : cet ouvrage a bien coûté à la noble demoiselle 250 livres. »
L'année suivante, nouveau bienfait : « Dans la présente année 1764,
noble demoiselle Renée Le Febvre a fait paver la nef de cette église
par Charles d'Averne, de la paroisse de Joué-du-Plain, qui commença
cet ouvrage le 20 novembre audit an et qui le finit le 8 décembre de la
même année, en ce compris le jour de venir ici et celui de s'en
retourner chez lui. Le pavé est venu des carrières Guérin situées
en Joué-du-Plain et en la paroisse de Boucey... Le total de cet
ouvrage a coûté à la susdite demoiselle 191 livres. »

La pauvre fille, en faisant travailler pour Dieu, espérait, même
en ce monde, faire une œuvre durable. Cent ans après, dans l'église

---

(1) V. M. Bonneserre de Saint-Denis, *Notice historique et généalogique sur la
maison d'Anthenaise*, p. 46.

où elle repose, sans pillage ni profanation, par le simple fait des hommes qui s'en vont et du temps qui détruit, il ne reste plus une seule planche du lambris posé par elle. Et les dalles de Joué-du-Plain, dispersées ou brisées, permettent au bâton du passant d'atteindre presque la cendre de ceux qui espéraient trouver dans la terre du sanctuaire un inviolable abri !

Le Champ-du-Gué, à la mort de Renée-Louise Le Febvre, passa à sa nièce, Jeanne de Herbelin qui, le 9 décembre 1766, épousa Pierre-René Marie du Rocher, lieutenant général de la ville de Domfront, mort le 26 mars 1777 (1). Mme Marie du Rocher résidait habituellement à sa terre de Collières, mais faisant souvent de longs séjours au Champ-du-Gué. Pendant la Révolution, elle y reçut plusieurs fois la visite des chouans : « Du Champ-de-la-Pierre, écrit Billard de Vaux (1796), nous gagnâmes le Champ-du-Gué, situé sur la commune de la Chaux, dont je connaissais la propriétaire, Mme du Rocher de Collières, pour m'y être momentanément caché au commencement de ma déroute en 1793 ; elle nous reçut en royaliste, et nous donna à dîner, après quoi, nous lui souhaitâmes le bonjour en nous dirigeant par Magny-le-Désert sur Bagnoles. Presque en sortant du Champ-du-Gué, nous rencontrâmes un gendarme de la Ferté, nommé Rivière ; il venait d'une foire de Carrouges. Nous fîmes route et conversation jusqu'à une demi-lieue de sa résidence ; il ne nous dit rien et fit bien (1). »

Mme du Rocher de Collières eut quatre enfants : Jean-Yves, Ferdinand, Valérie et Frédéric ; Jean-Yves, seul, eut un fils, Gustave du Rocher, dit de Collières. Il aliéna la terre du Champ-du-Gué qui, après avoir appartenu à M. de Bâmont, est divisée aujourd'hui entre plusieurs propriétaires.

⁂

Sur le versant occidental d'une petite vallée où coule le ruisseau

---

(1) Armoiries de la maison Marie du Rocher : *d'azur, chargé de trois bandes, celle du milieu frettée, les deux autres d'or plein.*

(1) V. Billard de Vaux, *Mémoires d'un ancien chef vendéen*, T. 1, p. 124.

de Vauroulet, se trouvent les hameaux de Vauroulet, du Mesnil et de la Ferrière. Le Mesnil (Vauroulet eut presque toujours les mêmes maîtres), était autrefois la résidence d'une branche de la famille Le Maire. Ces Le Maire, de la noblesse provinciale la meilleure, mais la plus obscure (1), étaient originaires du hameau de Courdaulin à Magny et possédaient des propriétés assez vastes dans les paroisses de Magny et de Beauvain, de la Chaux et du Grais. Dans le partage de leur patrimoine, une branche reçut et posséda pendant près de cent cinquante ans la petite terre du Mesnil.

Jacques Le Maire, qui en était propriétaire au commencement du xvIIe siècle, épousa Marie de Robillard et en eut trois fils. Celui qui posséda après lui le Mesnil, Jacques, eut de Marguerite Pinson (2) un fils, René, qui épousa, en 1693, sa cousine, Germaine-Madelaine de Catey. Sa fille, Marie, fit passer alors le Mesnil à une autre branche de la famille Le Maire, en épousant, le 18 novembre 1723, François Le Maire, un de ses cousins.

Le nouveau propriétaire du pauvre Mesnil tenta alors, par une supercherie nobiliaire sans précédents, de passer de la moins brillante à la plus illustre noblesse. Ne possédant qu'une rive du ruisseau de Vauroulet, François Le Maire ne pouvait prendre le *nom pompeux de M. de l'Isle*, mais il avait une superbe roche qui s'élevait au milieu d'un champ, au désespoir de ses misérables fermiers. Pour se distinguer des autres Le Maire, qui s'appelaient du Clos ou de la Rivière, de la Croix ou de la Chaussée, il imagina de baptiser sa roche et, comme rien ne l'empêchait de la nommer Foucault, quinze

---

(1) Armoiries de la la maison Le Maire : *d'argent à la croix de sable, cantonnée de lionceaux de gueules*. Nous possédons une curieuse *Coppie de l'inventaire des titres principaux de la noblesse des Maire, produite à la cour des Aydes de Paris au moys d'auril 1665*, qui établit l'ancienneté de la noblesse de cette famille.

(2) « 28 novembre 1693, fut passé.... le contrat de mariage de René Le Maire, écuier, sr du Mesnil, fils de feu Jacques Le Maire, vivant écuier, sr du Mesnil, et de Dlle Marguerite Pinson, avec Dlle Madelaine de Catey, fille de feu Jacques Catey, écuier, sieur des Fresnes, de la paroisse de St-Ouen-le-Brisou et de Dlle Marie Pinson ; la dite future assistée de messire François de Catey, écuier, prêtre, prieur de Villepail, son frère, de la dite Marie Pinson, sa mère, de Jacques de Catey, écuier, sr des Fresnes et de Dlle Marie de Catey » (Notes généalogiques de Mme de Montreuil).

jours après, il signait fièrement *de la Rochefoucault* des billets qui nous ont bien longtemps dérouté dans nos recherches sur les familles du pays.

Ces la Rochefoucault, du Mesnil, ne durèrent que peu de temps, François Le Maire, leur audacieux créateur, n'ayant laissé que trois filles. L'aînée, Marie-Elisabeth, mourut sans alliance; la seconde, Marie-Madelaine, épousa, le 12 avril 1750, Jean-François de Ronnay (1), second fils de Charles-Antoine de Ronnay, sieur du Mesnil-Roulet et de Marie-Françoise de Jupille; la troisième, Antoinette, épousa le 15 janvier 1756, Claude Le Normand de Beaumesnil, de la paroisse de Saint-Cyr-en-Pail, « qui mourut à Bicêtre, où on l'avait renfermé pour ses violences envers sa femme (2). » Antoinette Le Maire, voulant connaître les roses de l'hymen après en avoir ressenti les épines, épousa en secondes noces René du Bois, écuyer, sieur du Bois-Tesselin, officier au régiment provincial d'Alençon et avocat au baillage de Falaise, qui joignait ainsi les séductions de l'épée au prestige de la toge.

Marie-Madelaine Le Maire eut dans sa part et apporta à Jean-François de Ronnay, Vauroulet, le Mesnil et la Rochefoucault. Mais les Ronnay étaient d'assez bonne maison pour dédaigner les tricheries héraldiques. Originaires de la paroisse de Ronnay, entre Argentan et Falaise, ils appartenaient incontestablement à la noblesse la meilleure et la plus ancienne de notre province (3). L'époux de Marie-

---

(1) Jean-François de Ronnay avait servi dans le régiment d'Herson, en qualité de lieutenant en 1735 ; il fut ensuite aide-major dans le bataillon provincial d'Alençon, en 1743, et capitaine dans le bataillon d'Argentan, en 1745. Il mourut le 17 octobre 1783, et sa femme, Marie-Madelaine Le Maire, le 2 décembre de la même année. Nous devons d'utiles communications relatives à la maison de Ronnay, à l'obligeance de M. l'abbé Pinet, vicaire de Beauvain.

(2) Notes généalogiques de Mme de Montreuil.

(3) « Les armes de Ronnay sont : *coupé de gueules et d'argent à trois losanges, 2 en chef et 1 en pointe, de l'une en l'autre.* Pour suport deux lions de carnation affrontés aiant la tête contournée, armés, lampassés et vilainés de gueules, et au-dessus est une couronne de marquis, p' cimier un lion issant sur le tout. Et pour devise : *Illuminat virtus* » (Généalogie manuscrite de la maison de Ronnay, V. en outre, sur cette famille, la Chesnaye-des-Bois, *Dictionnaire généalogique,* édit. in-12, T. vi, p. 200 ; M. de Courcelles, *Dictionnaire universel de la noblesse de France*, T. v, p. 307, etc., etc.

Madelaine Le Maire resta donc simplement Ronnay et fit bien. Il eut quatorze enfants et en éleva douze (1). Quatre de ses fils payèrent vaillamment de leur personne dans les armées royales, à la fin du siècle dernier. Deux, Jean-François et Joseph-François, périrent dans les Pays-Bas, pendant l'émigration. Antoine-François de Ronnay, né à la Chaux, le 20 novembre 1753, ancien enseigne au régiment provincial d'Alençon, capitaine au régiment de Loyal Emigrant, commandé par le duc de la Châtre, mourut lieutenant-colonel pendant la Restauration, des suites de ses blessures. Thomas-François, l'aîné de cette nombreuse famille, baptisé à la Chaux, le 23 mars 1752, ancien lieutenant au régiment d'Alençon, capitaine d'infanterie dans les armées royales, rentra en France en 1799, sur l'ordre du comte de la Chapelle, pour prendre un commandement dans l'armée catholique et royale de Basse-Normandie. Il se fixa, sous l'Empire, à Beauvain, dans le petit manoir longtemps habité par sa fille et son gendre, M. et Mme de Godet.

Quant au Mesnil, perdu au milieu de chemins boueux, il n'est plus aujourd'hui occupé que par des fermiers, et ne garde aucune trace des familles qui l'ont successivement possédé. L'on n'y voit ni les lionceaux des Le Maire, ni les losanges des Ronnay. Seule, la roche ci-devant nommée Foucault, dresse non loin de là sa pointe granitique, mais les habitants des villages voisins ont oublié son nom usurpé.

*
* *

Le Boisgautier, manoir actuellement transformé en ferme, est situé sur le bord d'un étang supérieur, relié par un ruisseau à l'étang

---

(1) 1° Thomas-François, né le 23 mars 1752 ; Antoine-François, le 20 novembre 1753 ; 3° Marie-Victoire, née le 13 juin 1755 ; 4° Elisabeth-Marie, le 17 juin 1756 ; 5° Claude-Renée, le 2 septembre 1757; 6° Thérèse-Geneviève, le 18 décembre 1758; 7° Jean-François, né le 8 janvier 1761 ; 8° Marie-Magdelaine, née le 4 avril 1762 ; 9° Charlotte-Françoise-Jacqueline, le 1er avril 1763 ; 10° Joseph-François, né le 25 novembre 1764 ; 11° François-Xavier, le 20 mars 1770 ; 12° Joachim-Benoist, le 20 mars 1772. Nous avons parlé de quatre des fils ; nous retrouverons tout-à-l'heure

de Folie. Quelques linteaux aux bizarres accolades, quelques appuis pittoresquement sculptés, lui donnent un certain intérêt archéologique. Le Boisgautier appartenait primitivement à la maison Le Verrier : Françoise Le Verrier, en épousant Jérome de Recalde, le fit passer à une nouvelle famille. Les Recalde étaient originaires du Bearn, d'ancienne noblesse, disaient-ils. La branche établie en Basse-Normandie, après avoir produit aux commissaires du conseil ses titres et papiers, obtint des lettres patentes expédiées à Fontainebleau, le 11 août 1726, en forme de réhabilitation d'ancienne noblesse (1). Elles furent enregistrées le 4 mai 1750, par arrêt de la cour des aides de Normandie, contradictoirement rendu entre les habitants de la Chaux et de Joué-du-Bois et les sieurs de Recalde.

Jérome de Recalde, sieur du Boisgautier, était le petit-fils de Bernard de Recalde qui s'était établi en Normandie et avait aussi épousé une Le Verrier.

La principale habitation de la famille de Recalde, était le manoir du Vivier, à Joué-du-Bois, détruit pendant la Révolution. Il était construit derrière le bâtiment de ferme qui existe encore aujourd'hui, et où l'on remarque une curieuse plaque de cheminée, chargée des armoiries des Recalde. Les châtelains du Boisgautier possédaient également à Joué-du-Bois, la terre de la Haye, et appartiennent à l'histoire de cette paroisse, autant qu'à celle de la Chaux.

Jérome de Recalde, après la mort de Françoise Le Verrier, épousa Catherine Bidard, qui lui donna de nombreux enfants ; il avait eu de son premier mariage, un fils mort au service, et Henri qui posséda le Boisgautier après lui. Une fille du second lit, Anne, épousa le

---

au hameau de la Ferrière, François-Xavier de Ronnay ; Joachim-Benoist, son jeune frère, a épousé, en 1820, Victorine-Joséphine de Frotté. Trois des six filles entrèrent en religion ; les autres ne purent trouver à se marier ; l'aînée, Marie-Victorine, âgée de 95 ans, mourut le 22 avril 1850, à Alençon où elle s'était retirée.

(1) Armoiries de la maison de Recalde : *coupé d'azur et d'argent ; le premier, chargé de trois léopards lionés d'or ; le second chargé d'un pal d'azur surchargé de deux vergettes d'or.* V. sur cette famille, la Chénaye-des-Bois, *Dictionnaire généalogique,* édit. in-12, T. VI, p. 249, et Cauvin, *Essai sur l'armorial du diocèse du Mans,* p. 199.

24 juillet 1721, Gaspard Robichon, sieur du Mesnil ; sa plus jeune sœur, Madelaine, fut mariée le 8 novembre 1742, à Jean de Girardin, sieur du Hautbois, de la paroisse de Meslère.

Henri de Recalde épousa Marie Louin, dont il eut Henri-François de Recalde, curé de Colombiers, et Marin, qui continua la filiation.

Marin de Recalde prit pour femme Marie Clouet, qui lui apporta la seigneurie de Méfossé.

Henri-François de Recalde, son fils, marié à Louise Hardesoif, eut d'elle deux enfants : Louis-Henri-Raymond et Louise-Henriette de Recalde. Henri de Recalde émigra à la Révolution et se rendit à l'armée du prince de Condé, où Jacques de Thiboult, son compatriote, le retrouva en septembre 1794 (1). Le Vivier fut saccagé et brûlé par les bleus. Le Boisgautier fut épargné, mais vendu bientôt, sans doute, comme bien d'émigré. Acheté d'abord par M. Catois, il a été depuis, revendu et divisé entre divers propriétaires.

*
* *

La Guérinière, hameau situé au sud de la Chaux, était jadis la résidence d'une branche de cette famille du Bois, qui possédait, dans les paroisses voisines, à Beauvain, à Magny, au Grais, un si grand nombre de gentilhommières (2). S'il y en eut jamais une à la Guérinière, il n'en reste plus actuellement de traces. François du Bois, sieur de la Guérinière, avait épousé au commencement du XVIIᵉ siècle, Madelaine de Brossard. Il en eut deux fils, Urbain et Gilles. Le cadet, né en 1616, fut en quelque sorte le Philémon de la Chaux, et mourut nonagénaire, le 13 février 1706. Sa Baucis, demoiselle Marguerite Bélier, décéda le 10 mars 1712, également âgée de quatre-vingt-dix ans. Nous ne

---

(1) V. Jacques de Thiboult du Puisact, *Journal d'un fourrier de l'armée de Condé*, p. 28.

(2) Armoiries de la maison du Bois : *d'azur, à 5 trèfles d'argent posés 2 et 1.* V. Généalogie des du Bois-Motté et du Bois de Montulé, *Paris, aut. Berthier.*

trouvons pas à la Guérinière d'autres du Bois, après ce vénérable couple.

⁂

La Ferrière est un hameau situé au sud du Mesnil, sur une éminence rocheuse, couverte de futaies récemment abattues, entre la vallée de la Gourbe et celle du ruisseau de Vauroulet. La Ferrière, autrefois la résidence d'une branche de la famille Chesnel, une des premières de Magny. Une pierre, placée près de la porte d'entrée du bâtiment principal, porte l'inscription suivante :

IAY. ESTE. FAIT
FAIRRE. PAR. IVL
LIAEN. CHES
NEL. BORD
ONNAS. — 1703

. La Ferrière appartint ensuite à la maison de Ronnay, et, dans le partage des biens de Jean-François de Ronnay, fut attribuée à son fils, Louis-François-Xavier, qui prit immédiatement le nom de la petite terre. *Ferrière*, — on l'appela désormais ainsi, — fut mis en pension à Alençon, avec le fils de M. du Bois-Tesselin, poète et avocat, résidant à Beauvain, qui avait accepté la charge de sa tutelle. Nous avons eu sous les yeux les comptes du tuteur. Malgré la plus sévère économie apportée à l'emploi des revenus de la petite terre, le pauvre Ferrière se trouva le débiteur de M. du Bois-Tesselin, qui avait pourtant consciencieusement défendu ses intérêts contre les tailleurs de la Ferté-Macé et les hôteliers d'Alençon. Il fallut abattre en 1790, une belle avenue de chênes. Et l'on fit bien, ma foi, car, dès 1792, la liste des biens d'émigrés, imprimée à Alençon, mentionnait dans la muni-cipalité de la Chaux, une petite ferme et plusieurs hectares de bois taillis affermés à René Delaunay, appartenant au sieur François-Xavier Ronnay, dit Ferrière. Le tuteur et le pupille avaient en effet émigré. M. du Bois-Tesselin mourut à Hanovre, de tristesse et de misère. Ferrière échappa aux dangers de Quiberon et revint en

France vers 1800, mais il ne s'appela plus désormais que Louis-François de Ronnay, ne possédant plus sa petite terre de la Chaux.

Près de la Ferrière, à l'angle du vieux chemin et de la route de la Ferté-Macé, se dresse, au pied d'une colline et à l'ombre de grands hêtres, une vieille croix de pierre dont le socle porte l'inscription suivante : (1)

F. F. P. M. RE
N. P. D. BEAU
SSEN. ET. M.
M. L. MAIRE. S.
E. 1756

Enigme de granit dont le mot est : fait faire par messire Nicolas-Pierre de Beaussen et Marie-Madelaine Le Maire, son épouse. Mme de Beaussen, sœur de M. la Rochefoucault, devant suivre son mari dans quelque terre éloignée, tint, sans doute, à laisser ce pieux souvenir à sa paroisse natale.

⁂

Il nous est impossible, on le comprendra bien, de donner ici une note complète sur chacun des villages de la commune de la Chaux. Nous ne ferons donc que mentionner rapidement : le moulin de la Chaux, ancien moulin banal des trois seigneuries formées par le démembrement du fief de Joué-du-Bois ; la Touche, autrefois comme la Guérinière, la propriété de la famille du Bois ; le Chemin, ferme appartenant en 1792, aux Bérenger de Grandmesnil, et vendue comme bien d'émigré ; l'Ancien Fourneau, à l'extrémité d'un immense étang transformé en prairies, où nous avons vu des oseraies aujourd'hui disparues ; la Toulinière, propriété de la famille Chesnel, située à la limite de la commune de la Chaux, presque au confluent de la Gourbe et du ruisseau de Vauroulet.

⁂

Nous reviendrons, après cette course rapide à travers le passé et

---

(1) Inscription relevée par M. l'abbé Saffray, curé de Sarceaux.

le présent de la Chaux, près de la vieille église, là où une école a été récemment construite sur l'emplacement de l'ancien presbytère. Nous prendrons à droite un chemin pierreux, qui aboutit à une vaste lande, tapissée de bruyères et piquée de blocs granitiques. Au centre du plateau, une table de pierre, à la nappe de lichens jaunes, repose sur des supports réguliers, et a l'apparence d'un petit dolmen. De là, l'œil embrasse un horizon immense : champs et forêts, mamelons incultes et vallées fertiles, hameaux perdus dans les bois, bourgs couronnant les hauteurs. Et tout cela animé d'une vie cachée mais indéniable, que révèlent des bruits venant de toutes parts : le marteau du carrier et le métier du tisserand, la cloche de l'église et le sifflet de l'usine. Derrière vous — c'est un frappant contraste. — tout est silencieux dans le vallon désert. Au fond du ravin, entre deux rives sombres, l'étang s'allonge et semble un fleuve mort, sorte de Léthé, engloutissant la mémoire de ceux qui ont vécu à ce bout du monde.

FL. Logior. del. et lith.

LA LANDE ET LE DOLMEN

Imp. Bocquard. La Ferté-Mac.

# LE DERNIER CULTE

LAPIDES CLAMABUNT.

Toi qu'empourpra le sang de l'agneau sans souillures ;
Autel qui n'es orné que de tes moisissures ;
Couvercle entrebaillé des sépulcres anciens ;
Baptistère stérile et tari de chrétiens,
Par où, filles de Dieu, les races espérèrent ;
Bénitier que les doigts des vierges effleurèrent,
Nid de la cloche, oiseau pour jamais envolé,
Tour sans voix que l'oubli navre et que le temps ronge,
Où le jour transparaît comme l'aube en un songe,
Trouant la mousse d'or de ton faîte étoilé ;
Poutre debout qui pends comme une dent de herse,
Fenêtre dont l'ogive est comme un œil ouvert,
Vaguement inquiet sous le coudrier vert ;
Tuiles rares du toît où la nature verse
Le torrent ténébreux des lierres aux lents flots ;
Je vous compte, ô débris flagellés par l'orage,
Je pense à ce Dieu mort dont on compta les os,
Et l'Eglise défunte est encor son image !

FLORENTIN LORIOT.

1381. Guillaume de Beaurepaire et Guillemette, sa femme,
seigneur et dame de St Martin l'Aiguillon et de Joué-du-Bois.

1462. Ambroise de Beaurepaire.

N... de Beaurepaire (peut être Ambroise vivant en 1468)
marié à d'elle Ambroise de Loré.

Marguerite de Beaurepaire
mariée à Edmond de Cobar, sr de Loücé.

Suzanne de Beaurepaire
mariée à
Jean Le Verrier, sr de la Guyardière,
puis seigneur de Champségré,
† vers 1550 ou 1551.

Isabeau de Beaurepaire
(Jeanne d'après Mme de Montreuil)
mariée à Jean de Loré, seigneur de la Chaux.

François de Beaurepaire
† en 1516 sans postérité.

Suzanne

Isabeau

Roberde
mariée à Louis de Lalande.

Josselin Le Verrier,
seigneur de Champségré,
Le Bois Josselin, de Joué-du-Bois
† en 1593
marié à
Suzanne l'Evesque de Marconnay
† en 1604.

N. Le Verrier
mariée à N... Le Verrier,
du Champ de la Pierre ?
probablement d'union Le Verrier,
âgé de 56 ans en 1535.

Françoise de Loré
mariée à Jacques de Montrevil,
par contrat du 28 juillet 1558.

Isabeau de Loré
mariée à François Le Verrier,
seigr de la Sauvagère
et de la Chaux.

Thomas Le Verrier
sieur de la Sauvagère
et de la Chaux.

Jeanne Le Verrier
dame du Champ de la Pierre.

Françoise Le Verrier, du Champ de la Pierre
mariée, par contrat du 1er Septembre 1561
à Claude de Broon, seigr de Fourneaux et Availles.

Pierre Armoriée
de Bonnemont

Pierre tombale de Notre-Dame-sur-l'Eau

Pierre de
Joué-du-Bois

Pennon
généalogique
de la Chapelle
de la Chalerie

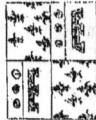

(Voir p. 49)

# LE FIEF DE LA CHAUX

## ET LES FAMILLES LE VERRIER

En 1462, Ambroise de Beaurepaire était seigneur de Joué-du-Bois ; il habitait la paroisse et l'ancienneté de sa noblesse fut reconnue par Montfaut (1). Le Beaurepaire inscrit en tête de la généalogie, et dont le nom de baptême n'est pas indiqué, est probablement cet Ambroise. De son mariage avec dame Ambroise de Loré, il avait eu François de Beaurepaire, mort sans postérité en 1516, et trois filles, qui se partagèrent la succession de leur frère. Le fief de Joué-du-Bois fut alors divisé en trois parties :

1° La terre et la seigneurie de Joué-du-Bois, choisie par Emond de Cobar, seigneur de Loucé (2), mari de l'aînée ;

2° Le Plessis-de-Joué, 1/3 de fief, autrement dit de la Heurteventière, tenu de fournir « un archer monté et armé » (3) ; — ce lot fut réclamé par Jean Le Verrier ;

3° Le fief, terre et seigneurie de la Chaux, resta, pour non choix, à Jean de Loré.

M. le Comte de Contades a fait connaître comment, après de longs débats, les Le Verrier de la Sauvagère parvinrent à rester maîtres du fief nouvellement formé de la Chaux (4). Nos Le Verrier eurent alors pour voisins un Le Verrier de Champsegré, seigneur de Joué-du-Bois et un autre Le Verrier, seigneur du Champ-de-la-Pierre, appartenant à des familles bien distinctes. Mais des alliances finirent par fusionner étroitement ces

---

(1) Chartrier de Rasnes. *Aveu de Samson de Saint-Germain en 1462.* — Labbey de la Roque. *Recherche de Montfaut*, p. 36, n° 69.

(2) Cette qualification de « seigneur de Loucé », donnée à Emond de Cobar, nous rappelle qu'il y avait à Loucé un fief de Beaurepaire. C'était peut-être le lieu d'origine de nos vieux seigneurs de Joué-du-Bois ; à moins que l'un d'eux ne lui eut imposé son nom, suivant un usage assez fréquent jadis. Leurs armoiries ont été révélées par un des écussons de l'ancienne église de Joué-du-Bois. Il est *parti* au premier des Le Verrier de Champsegré, le second porte trois gerbes, 2 et 1. C'est le blason d'une famille de Beaurepaire encore aujourd'hui représentée par les Beaurepaire de Louvagny, et l'écusson entier rappelle l'alliance de Jean Le Verrier de Champsegré avec Suzanne de Beaurepaire de Joué-du-Bois.

(3) Aveu du 11 mai 1541, rendu par Jean Le Verrier ;

(4) V. plus haut, p. 14.

diverses Maisons : Mme de Montreuil elle-même s'y est trompée. Et pourtant elle était mieux en situation que tout autre d'être bien renseignée, puisqu'elle a souvent habité le château même de la Chaux, dans le pays où ces familles ont vécu ! Elle donne à tous les Le Verrier le blason : *d'argent, à la hure de sanglier de sable* : ce qui revient à dire qu'elle les range tous dans la famille Le Verrier de la Conterie; et cependant elle cite deux Le Verrier du Champ-de-la-Pierre et plusieurs Le Verrier de Champsegré. Nous allons voir combien son erreur est grande.

## I

LE VERRIER du Champ-de-la-Pierre : *d'argent, fretté de gueules.*

Citons d'abord quelques lignes consacrées par l'historien de la Maison d'Harcourt aux seigneurs de la Chaux et du Champ-de-la-Pierre : elles seront le point de départ de nos explications.

« Claude de Bron, seigneur de Fourneaux....... s'allia par mariage de Françoise Le « Verrier, dame du Champ-de-la-Pierre, de Cosseville, de la Heurteventière, de la Forti- « nière et du Jardin, fille de Thomas Le Verrier et de Jeanne Le Verrier, portant « différentes armes, car celles du seigneur du Champ-de-la-Pierre, sont *d'argent à la* « *hure de sanglier de sable,* telles que les portait Jean Le Verrier, baron de Vassy ; « les autres sont *d'argent, fretées de gueules, que les puinés brisaient d'un franc-* « *quartier de même, chargé d'une molette d'argent* » (1).

Dans ce texte obscur et ambigu, La Roque a voulu dire, croyons-nous, que Jeanne Le Verrier appartenait à la famille du Champ-de-la-Pierre et en portait les armoiries. En ajoutant à ce renseignement le nom de deux seigneurs du Champ-de-la-Pierre, Richard et Jean Le Verrier vivant en 1515 et 1535 (2), nous donnons tout ce que jusqu'ici nous avons pu recueillir sur cette famille. Si Thomas Le Verrier est qualifié seigneur du Champ-de-la-Pierre, c'est à cause de sa femme, et l'on doit reconnaître, dans ces deux personnages, le seigneur et la dame de la Chaux qui transigèrent avec Michel de Montreuil. La Roque est d'accord avec M. de Contades pour attribuer au mari le blason des Le Verrier de la Conterie.

Mais il reste un problème à résoudre. Jeanne était-elle la fille ou seulement la petite-fille de Jean Le Verrier de Champsegré ? Un fragment d'inventaire, curieux à d'autres points de vue encore, affirme en effet que MM. de Bron, ses petits-fils, « étaient issus

(1) La Roque. *Histoire de la Maison d'Harcourt,* 1re partie, p. 1422.
(2) « 3 juin 1515. Noble homme, Richard Le Verrier, seigneur du Champ-de-la-Pierre, « acheta de noble Jean des Prés, seigneur de Vaujois, 60 sous de rente ».
« 8 novembre 1535. Guion Le Verrier, écuier, seigneur du Champ-de-la-Pierre, y « demeurant, âgé de 56 ans, fut témoin à la vérification de l'aveu rendu par Edmond « Robillard, écuier, de la seigneurie de Saint-Ouen-le-Brisoul. »
(Mme de Montreuil. — *Notes sur la famille Le Verrier.*)

« de la fille de Jean Le Verrier de Champsegré (1) ». En outre, dans une signification du 18 octobre 1604, Jean de Bron, l'un des héritiers de Josselin Le Verrier, déclare être « son neveu (2) ». Cependant, il est peu probable, sinon impossible, que la fille de Jean Le Verrier, cousine-germaine d'Isabeau de Loré, ait épousé le fils de cette dernière. Selon toute vraisemblance, elle devait être notablement plus âgée que le seigneur de la Chaux, son petit-cousin. Puisque nous en sommes réduits aux conjectures, n'est-il pas plus rationnel de penser que Jeanne, dame de la Chaux, était la petite-fille de Jean Le Verrier de Champsegré ? La fille de celui-ci aurait épousé un Le Verrier du Champ-de-la-Pierre, peut-être Guion, qui en 1535 était âgé de 56 ans, au dire de Mme de Montreuil. Le sang des trois familles Le Verrier circulait donc dans les veines de Françoise Le Verrier, fille de Jeanne Le Verrier, dame de la Chaux, et c'est en vertu de cette filiation qu'elle recueillit en partie leur héritage, puisque La Roque la qualifie dame du Champ-de-la-Pierre, de la Heurteventière, de la Fortinière et du Jardin. On l'a vu au commencement de cette note, ces trois dernières terres ou masures formaient le fief du Plessis–de-Joué, échu en 1516 à Jean Le Verrier de Champsegré.

II

LE VERRIER DE LA CONTERIE : *d'argent, à la hure de sanglier de sable, défendue d'argent.*

Les sieurs de la Sauvagère et de la Chaux appartenaient à cette famille très nombreuse et répandue particulièrement dans les élections de Vire, de Falaise et

(1) Fragment d'un inventaire des titres de la Châlerie. « Liasse 18, cottée T, concerne « un testament fait par Robert Roger, seigneur de Collières, qu'on voit successivement « avoir été curé de Lucé, de Domfront, prieur de Bolandais, portant fondation de six « chapelains en l'église de Notre-Dame-sur-l'Eau, lesquels ont été présentés par ses « héritiers, qui étaient Jean Le Verrier, écuyer, seigneur de Chansegré, François Lesné, « écuyer, seigneur de Torchamps, de la Motte-de-Drouge. Ledit testament devant « Laurent Cléret et Siméon Jardin, tabellions en la vicomté de Domfront, le 22 septembre « 1529, ratifié par lesdits seign^rs parents devant les tab. de Domfront le 18 mars 1534. « Ledit sieur le Verrier nommoit à la chapelle de S^t-Nicolas, de M^de S^te Anne et de « S^t Denis, alias S^te Croix, celles de S^t Pierre, S^t Michel et S^t Yves. L'église « et chapelles furent brûlées et pillées et les titres brûlés dans la prise et reprise de « Domfront en 1574. Et ledit s^r Lesné et ses successeurs ayant embrassé la relligion « prétendue réformée, sa fondation fut négligée . René Ledin, sieur de la Chaslerie, fils « de Renée Roger, nièce du fondateur, obtint de M^rs de Bron, seign^rs de Fourneaux, « *issus de la fille dudit sieur Le Verrier*, ses parents, le don de la présentation aux « dites chapelles, droits de banc et de sépulture dans les églises de St-Julien et de « Notre-Dame, par acte devant François et Guillaume Montaufray, notaire sous les juri- « dictions de Fourneaux et Availlé, le 15 Juin 1613, Il y a des actes d'acceptation de « l'abbé Poule, abbé de Lonlay, et relligieux seign^rs et patrons de ladite église de Notre- « Dame et S^t Julien de Domfront qui lui accordent les places de banc et de sépulture dans « lesdites églises. »

(2) Saisie-arrêt signifiée à noble Adrien de Mainbeville, sieur du lieu et de Launey. héritier en partie de feue noble Guyonne l'Evesque, veuve de messire Josselin Le Ver-

d'Argentan. Le rameau de la Conterie, à Saint Brice-sous-Rânes, qui était encore
représenté aux approches de la Révolution, était peut-être le plus connu : il devait
surtout sa notoriété à l'un de ses membres, auteur d'un *Traité de vénerie normande*,
très recherché des bibliophiles (1). Aussi a-t-il paru convenable de caractériser la
famille entière par ce nom de la Conterie.

On pourrait cependant signaler d'autres branches plus anciennes : celle, par exemple,
des seigneurs de Crèvecœur, à Courteilles, près Putanges, devenus ensuite barons de
Vassy (2). En 1465, Jean Le Verrier de la paroisse de Courteilles fut condamné par
Montfaut, mais Labbey de la Roque fait observer que les commissaires des *recherches*
suivantes reconnurent la noblesse des Le Verrier (3). Jean Le Verrier, seigneur de
Crèvecœur et du Repas, bailli de Condé-sur-Noireau, mourut le 11 mars 1533. Son fils
Guillaume, épousa Philippe de Croan, « dame et baronnesse de Vassy, » qui lui apporta
en dot cette belle seigneurie (4).

Jeanne Le Verrier, sœur du baron de Vassy, fut mariée à Guillaume Turgot, seigneur
des Tourailles. Une ancienne généalogie des Turgot prétend que de ce mariage sortirent
« vingt-deux fils, dont en demeura dix en aage d'homme » ; une seconde en cite nomi-
nativement quatorze et deux filles et ajoute que les autres sont « inconnuz ou morts
« jeunes ». La légende qui donne à cette dame vingt-quatre fils n'est donc pas absolument
imaginaire. Mais qui, dans nos campagnes, s'intéresse maintenant aux légendes? Celle-ci
du moins ne périra pas. Les beaux vers d'un poète, que nous sommes fiers de compter
au nombre de nos compatriotes, la préserveront à jamais de l'oubli (5).

La branche des Le Verrier de Vassy s'est éteinte en la personne de Claude, baron de
Vassy, dont la fille, Esther Le Verrier, épousa Bernardin de Marguerie par contrat du
23 novembre 1618.

Outre les branches de Vassy, de la Conterie et de la Sauvagère, nous pouvons citer

---

rier, à la requête de nobles hommes Jehan de Broon, Gilles Aubert et plusieurs autres
héritiers de feu messire Josselin Le Verrier. 18 et 20 octobre 1604.

(1) Frère. *Manuel du bibliographe normand*, Vᵉ LE VERRIER. — Vᵉʳ des Diguères.
*Vie de nos pères*, p. 267.

(2) Pour La Roque, cette branche de Crèvecœur et Vassy semble être la principale,
puisqu'il fait observer que Thomas Le Verrier du Champ-de-la-Pierre portait les mêmes
armes que Jean Le Verrier, baron de Vassy.

(*Hist. de la Maison d'Harcourt*, 1ʳᵉ part. p. 1422 )

(3) Labbey de La Roque. *Recherche de Montfaut*, p. 102, n° 24.

(4) De Courtilloles. Analyse de divers actes du tabellionnage d'Alençon. *Bulletin
de la Société hist. et archéolog. de l'Orne*, t. VI, p. 214-215.

(5) LA DAME DES TOURAILLES, légende en vers de M. Gustave Le Vavasseur, lue
aux séances publiques de la Société historique et archéologique de l'Orne, à Alençon, le
26 octobre, et de la Société des Antiquaires de Normandie, à Caen, le 23 novembre
1882, 8 p. in-8°, *Bulletin de la Société des Antiquaires de Normandie*, tome XIII,
p. 65-70.

comme appartenant à cette famille, celles des seigneurs de Saint-Hilaire-de-Briouze et
de Chênesec, des sieurs de Boutemont (1), à Taillebois, du Bois-André à la Carneille, de
la Couture, à Saint-André-de-Briouze, de la Hamelinière à Fontaine-les-Bassets, et enfin
celle des seigneurs de Treize-Saints, paroisse aujourd'hui réunie à Batilly.

L'auteur d'une intéressante notice sur la famille Le Verrier de la Conterie prétend
qu'elle « tirait évidemment son nom de sa profession primitive, qui remontait assez
« loin et avait depuis longtemps cessé (2). »

### III

LE VERRIER de Champsegré : *d'argent, au lambel de gueules de trois pendants,*
*abaissé sous un chef d'azur chargé de trois besants rangés d'argent.*

Vers 1346 ou 1347, lorsque la comtesse Marie d'Espagne ordonna une enquête sur
les droits et charges des forêts du comté d'Alençon, la garde ainsi que la police de
la forêt d'Andaine était confiée à douze sergents, dont sept fieffés et cinq aux gages de
dix deniers par jour. Henri Le Verrier, résidant à Champsegré, était alors un des
sergents fieffés de la forêt.

On voit, en 1357, le dauphin Charles, qui fut depuis le roi Charles V, décerner les
éloges les plus flatteurs à un homme d'armes attaché à la personne de son « âmé et
féal cousin » le comte d'Etampes. Cet homme d'armes se nommait Henri Le Verrier.
Par lettres-patentes données à Paris au mois d'avril de cette année, le Dauphin concède
en effet les biens confisqués sur Robin d'Oissey, « à son cher Henri Le Verrier,
« en reconnaissance des bons et généreux services rendus au roi son seigneur et père,
« durant les guerres qu'il a faites, et précédemment aussi à son cher cousin, en le
« secondant d'une façon particulière et avec fidélité dans son service militaire (3) ».
Pour nous, cet Henri Le Verrier, si magnifiquement récompensé, ne peut être que

---

(1) Le blason à la hure de sanglier reproduit dans le tableau archéologique ornait
autrefois le manteau d'une cheminée du vieux manoir de Boutemont. Le manoir a disparu, mais la pierre armoriée existe toujours. On peut la voir encore chez le propriétaire actuel de Boutemont, M. Morin, maire de la Chapelle-Biche.

(2) Des Diguères, *Vie de nos pères*, p. 266).

Mais, dès 1346, nous allons le voir tout-à-l'heure, il y avait dans notre contrée un
Le Verrier, sergent de la forêt, absolument étranger à l'industrie du verre, c'est-à-dire à
une époque où cette industrie en était encore à ses débuts, dans la Haute-Normandie, et
n'existait probablement pas dans la châtellenie de Domfront. Il faut donc chercher à
son nom, et probablement à celui de tous nos Le Verrier, une autre origine. Le terme
*Verdier* ou *Verdrier*, officier chargé de l'administration d'une forêt, n'a-t-il pu devenir,
par adoucissement, *Le Verrier ?* Mais voici l'étymologie qui a nos préférences. Pour-
quoi n'aurait-on pas donné le nom de *Verrier*, du vieux mot *ver*, porc (latin *verres*) à
l'agent forestier chargé de la surveillance des panages ? Si *ver* est tombé en désuétude,
la forme *verrat* est encore usitée aujourd'hui.

Cette dernière interprétation a, sur les deux autres, l'avantage d'être en parfaite
concordance avec le blason des Le Verrier de la Conterie.

(3) Hippolyte Sauvage, *Domfront pendant la Guerre de Cent ans*, p. 155.

l'ancien sergent de la forêt d'Andaine. Il est tout naturel en effet que le comte Louis d'Etampes, fils aîné de Marie d'Espagne (1), ait engagé, pour le suivre à l'armée, un homme dévoué à sa mère, et sur la bravoure et le dévouement duquel il savait pouvoir compter. Sans nul doute, le comte d'Etampes en chassant dans la forêt avec ses frères utérins, les jeunes princes d'Alençon, avait rencontré et apprécié ce vaillant et fidèle serviteur. Malgré la confiscation, le beau fief d'Oissey continua d'appartenir à ses anciens seigneurs ; peut-être en vertu d'arrangements avec Henri Le Verrier. Selon toute apparence, ce furent ces arrangements qui lui permirent d'assurer à ses descendants la seigneurie de Champsegré ; soit qu'il l'ait reçue en compensation du fief qu'il abandonnait, soit qu'il ait pu l'acquérir avec l'argent fourni par la famille d'Oissey. Quoiqu'il en soit, il y a dans nos renseignements une lacune d'un siècle et demi, qui laisse le champ libre aux hypothèses.

Le 4 avril 1499, un habitant de Champsegré rend aveu à noble damoiselle Guillemette Le Verrier, dame de Champsegré. Le 10 janvier 1513, c'est « Jehan de la Barre, sieur « de Vigneral et de la terre et sieurie de Chansegray », qui reçoit un autre aveu (2). Etait-ce le fils ou le mari de Guillemette Le Verrier ? Toujours est-il que Champsegré ne tarda pas à revenir aux membres de cette famille. Le mari de Jeanne de Beaurepaire, Jean Le Verrier qualifié sieur de la Guyardière dans le partage de 1516, est dit « seigneur « de Champsegré, y demeurant, » dans l'acte d'acquisition du Bois-Hamelin, daté du 14 février 1527 (3). L'acquéreur de ce fief était Robert Roger, son oncle, déjà seigneur de Collières et du Bois-Josselin. Dans le partage de sa succession, le 21 décembre 1530, le Bois-Josselin échut à Jean Le Verrier. Celui-ci mourut probablement vers 1550 ou 1551, car Josselin Le Verrier, son fils, rendit aveu pour le Bois-Josselin, le 16 novembre 1551 (4). N'ayant pas eu d'enfants de son mariage avec dame Guyonne ou Suzanne l'Evêque de Marconnai (5), le nouveau seigneur de Champsegré, qui habitait

---

(1) Marie d'Espagne épousa en premières noces Charles d'Evreux, comte d'Etampes, dont elle eut deux fils : Louis, comte d'Etampes et de Gien, et Jean d'Evreux. (Bry de la Clergerie. *Histoire du Perche*, p 309. Odolant-Desnos. *Mémoires historiq. sur Alençon*, I, p. 388.) Louis II, comte d'Etampes, fut fait prisonnier à la bataille de Poitiers, le 19 septembre 1356. (Siméon Luce. *Chroniques de Froissart*, tome v, p. xiii, note 3.)

(2) *Petit registre des aveux*, manuscrit de la Biblioth. de Domfront, f° 335, v°.

(3) Le Paige. *Dictionnaire du Maine*, I, p. 70.

(4) Registre intitulé : *Le Noble*, manuscrit de la Biblioth. de Domfront, articles 42-61. Jean Le Verrier dut mourir avant 1551, car dans le *Rôle pour les cotisations de l'arrière-ban du duché d'Alençon*, dressé à cette date, c'est son fils qui est porté en tête de la vicomté de Domfront : « Josselin Le Verrier, écuier, sieur de Chansegret, pour « toutes ses terres, fait le service d'archer. »

(5) La Roque nous apprend que François l'Evesque, seigneur de Marconnay, en Poitou, lieutenant de la Vénerie du Roi, eut deux filles. L'aînée, Renée l'Evesque, fut mariée en 1558 à Guillaume de Hautemer, maréchal de Fervacques. La seconde,

le manoir de Joué-du-Bois, consacra de fortes sommes à des fondations pieuses ou charitables, parmi lesquelles nous mentionnerons seulement la construction d'une chapelle joignant l'ancienne église de Joué-du-Bois et « fondée en l'honneur de Dieu, « Trinité de Paradis et mémoire de Monsieur S¹ Hubert et de Madame S¹ᵉ Suzanne » (1). C'est de cette chapelle que doit provenir un linteau de porte en granit, chargé de trois écussons aux armoiries des Le Verrier : celui du milieu porte leurs pleines armes, et les deux autres sont *partis*. Le premier, comme nous l'avons déjà dit, représente l'alliance de Jean Le Verrier ; le dernier, figurant celle de Josselin, est *parti* : au premier des Le Verrier, et au second des l'Evêque de Marconnai : *d'or, à trois bandes de gueules* (2). Recueillie, à titre de souvenir historique, par M. l'abbé Macé, curé de Joué-du-Bois, cette pierre a été replacée, par ses soins, dans les murs de la tour neuve. Josselin Le Verrier mourut en 1593 ; Suzanne ou Guyonne l'Evêque lui survécut jusqu'en 1604.

Comme il a déjà été longuement question plus haut d'une fille de Jean Le Verrier, dame du Champ-de-la-Pierre, il est superflu d'en parler ici. Maintenant que les armoiries de ces Le Verrier de Champsegré sont bien connues (3), la mystérieuse pierre tombale de Notre-Dame-sur-l'Eau n'intriguera plus les visiteurs. Elle recouvrait certainement la sépulture d'un Le Verrier de Champsegré et peut-être celle de Jean Le Verrier, mort en 1550 ou 1551.

Jules APPERT.

---

Marie, épousa, par contrat du 4 décembre 1572, Jean de Mainbeville, seigneur de Launay, fief situé à la Chapelle-Becquet. De ce dernier mariage sortit Adrien de Mainbeville, sieur de Launay, l'un des héritiers de Suzanne l'Evêque, dame de Champsegré.
(La Roque. *Maison d'Harcourt*, 1ʳᵉ partie, p. 938-940 et 1893. — Des Diguères. *Les Rouxel de Médavy*, p. 95.)

(1) Acte de fondation de la Charité de Joué-du-Bois.

(2) On avait pensé d'abord que leur blason était celui des Marconnai du Poitou : *de gueules, à trois paulx de vair*. Les armoriaux de Normandie donnent, pour ce même blason, la variante : *Palé d'or et de gueules, de six pièces ; au chef de sable.* (*Armorial général de l'Anjou*, p. 343. — De Magni, I, p. 100. — Chamillart, édition de Courson, p. 669).

Mais l'écusson de Joué-du-Bois indique que Suzanne l'Evesque appartenait à une famille l'Evesque de l'élection de Bayeux. (De Magni. *Armorial de Normandie*, I. p. 61).

(3) On ne trouve nulle part indiquées ces armoiries des Le Verrier de Champsegré, si ce n'est dans l'esquisse d'un pennon généalogique, divisé en huit quartiers, et composé pour la décoration de la chapelle de la Châlerie. Le blason des Le Verrier occupe le cinquième quartier ; il est écartelé d'un écusson d'alliance semé de fleurs-de-lis. Aurait-il existé une alliance entre les Le Verrier et l'ancienne maison de Carrouges, qui portait : *de gueules, semé de fleurs-de-lis d'argent ?* Avant 1524, Guillaume Ledin de la Châlerie avait épousé « damoiselle Julienne Le Verrier de la Maison de Chansegrey », dont il eut un fils « nommé Noël, lequel fut un très pieux ecclésiastique ». (Généalogie manuscrite des Ledin de la Châlerie, p. 130.)

# SOUVENIR DE LA CHAUX

A MONSIEUR LE COMTE DE CONTADES

Ils levèrent la dalle (1) et fouillèrent la terre
Où depuis trois cents ans il dormait solitaire.
Penchés, nous regardions avec d'avides yeux.
Le cercueil n'était plus, pourtant le bois fragile
Avait, en périssant, modelé dans l'argile
Sa forme s'allongeant en trou mystérieux.

Point d'ossements humains dans l'alcôve funèbre,
Hormis, jaune et terreuse, une pauvre vertèbre
Dernier reste de l'homme en ce gouffre tombé.
La nature, prenant atôme par atôme,
Refaisant de la terre avec ce qui fut homme,
Marâtre insatiable, avait tout absorbé.

Dans la fosse dont l'ombre épouvante et fascine,
Près du triste ossement, gisait une racine
Noirâtre et presque en poudre, autre débris sacré ;
Tous les deux, sous l'abri de la pierre tombale,
Atteignaient, confondus dans leur nuit sépulcrale,
L'anéantissement suprême et désiré.

---

(1) La pierre tumulaire de Jean Le Verrier, représentée à la page 12.

Ils sentaient, allégés du poids des molécules,
S'évanouir enfin leurs formes ridicules,
Ils oubliaient l'ennui cruel d'avoir vécu,
Et bientôt ils allaient d'un bon sommeil sans trèves
Dormir, ne craignant plus le réveil ou les rêves,
Tant la mort berce bien celui qu'elle a vaincu ;

Mais soudain, remués sous les dalles funèbres,
Ils ont senti filtrer au fond de leurs ténèbres
Un pur rayon du jour qu'ils ne connaissaient plus :
Devions-nous rappeler à ces captifs moroses
Qu'il est un firmament, un soleil et des roses
Et les faire se tordre en regrets superflus ?

O contradiction ! Pour l'homme et pour la plante
Vivre est une douleur et la mort est trop lente ;
Cependant, accablés du fardeau de leurs fers,
Tous ont au cœur l'amour de ce décor magique
Dont fut paré le monde, hélas ! scène tragique
Qui fait monter au ciel le cri des maux soufferts.

La subite clarté dont l'ossement s'étonne
Fait aussi tressaillir en son trou monotone
La racine éblouie à ce rayonnement.
O Mort ! voici la vie aux souffles innombrables
Qui pénètre, et qui donne à ces deux misérables
Je ne sais quel pénible et doux frémissement :

### LA RACINE

*Je m'en souviens ! j'étais le plus vaste des chênes*
*Où tous les habitants des bourgades prochaines*
*Au sortir de l'église aimaient à s'abriter.*

### L'OSSEMENT

*Je m'en souviens ! j'étais le plus puissant des hommes*
*Qui dans mon temps vivaient au pays où nous sommes.*
*Vois moi ! tu connaîtras ce qu'il en peut rester.*

### LA RACINE

*Le printemps me gonflait de généreuses sèves ;*
*Où donc sont les oiseaux qui gazouillaient leurs rêves*
*Et qu'au soir j'endormais sous mes rameaux berceurs !*

### L'OSSEMENT

*Alors qu'un sang vermeil circulait dans mes veines,*
*Le plaisir m'abreuva de ses délices vaines ;*
*Mais que de fiel encor sous ses feintes douceurs !*

### LA RACINE

*Mon branchage noueux luttait dans la tempête*
*Et plus de cent hivers a résisté ma tête ;*
*Dans la terre profonde où vient s'abîmer tout,*
*Les hommes se couchaient, seul je restais debout !*
*Je suis tombé pourtant.*

### L'OSSEMENT

*Pendant bien des années*
*J'ai vécu, rarement des heures fortunées,*
*Car soucis et revers sont notre lot commun,*
*Puis la mort est venue.*

### LA RACINE

*Est-il encor quelqu'un*
*Ayant ouï conter aux anciens du village*
*Quels furent ma hauteur, ma force et mon ombrage ?*

### L'OSSEMENT

*Mon manoir du Coudray sait-il encor mon nom ?*
*Si vivant je heurtais la porte, ouvrirait-on ?*

### LA RACINE

*Que ne puis-je, agitant les houles de ma cime,*
*O soleil, la baigner de lumière sublime !*

### L'OSSEMENT

*Oh ! je voudrais marcher dans les sentiers connus,*
*Et que tous mes amis, de si loin revenus,*
*Me tendissent la main au bord des vertes haies ;*
*Je voudrais vous revoir, o mes vastes futaies,*
*Dont les arbres semblaient, au sein des champs troublés,*
*Des flottes qui voguaient sur l'océan des blés !*

### LA RACINE

*Un désir inconstant nous trouble et nous enivre :*
*Vivant, on veut mourir et mort on veut revivre.*

### L'OSSEMENT

*Quel destin ! sur la terre il n'est point de repos,*
*Dans son sein point d'abri qui garde en paix nos os.*
*Des ruines partout et jamais rien de stable.*
*Notre église ? déjà croulante et lamentable !*
*Ses tuiles ont fait place aux lambeaux d'un ciel pur,*
*Et dans la nef en deuil rit l'implacable azur !*

### LA RACINE

*A porter haut la croix le vieux clocher s'obstine*
*Et penche comme un mât que la tempête incline.*

### L'OSSEMENT

*Regarde, un noir sapin au dehors a poussé*
*A la place où jadis l'âge t'a terrassé.*

### LA RACINE

*Tes champs et ton Coudray sont à de nouveaux maîtres*
*Qui sous la hache impie ont fait tomber tes hêtres.*

### L'OSSEMENT

*Aux luttes des vivants me mêler désormais ?*
*Que je regretterais l'asile où je dormais !*

## LA RACINE

*O terre reprends nous !*

### L'OSSEMENT

*Rends nous la paix et l'ombre !*
*Rouvre nous dans ton sein un retrait doux et sombre,*
*Heureux d'avoir reçu, dans le couchant vermeil,*
*Le caressant adieu d'un rayon de soleil !*

On replaça la pierre et je quittai l'église.
A mes yeux attristés déroulant leurs tableaux,
Vergers, taillis et champs que la mort fertilise
S'étendaient, et la vie en jaillissait à flots ;

Car la nature fait des chefs-d'œuvres en foule
Avec tous les débris d'êtres décomposés,
Ainsi que le fondeur qui jette au nouveau moule
Le bronze en fusion de mille objets brisés.

W. CHALLEMEL.

LA FERTÉ-MACÉ

Vᵉ A. BOUQUEREL, IMPRIMEUR ET LITHOGRAPHE

9, Rue Chauvière, 9